1226.
+6A5.

ABRÉGÉ
DES PRINCIPES
DE LA
GRAMMAIRE
FRANÇOISE.
Par M. RESTAUT.

ABRÉGÉ
DES PRINCIPES
DE LA
GRAMMAIRE
FRANÇOISE.

Par M. RESTAUT.

NOUVELLE ÉDITION,

Augmentée des Principes généraux de l'Orthographe, et d'un Abrégé des Principes de la
Langue Françoise.

IMPRIMERIE DE J. M. BOURSY. 1813.

AVERTISSEMENT.

Ce petit Livre est un extrait fort simple d'un autre plus étendu, qui a pour titre : *Principes généraux et raisonnés de la Grammaire Françoise.*

Je n'y ai rien fait entrer qui ne soit à la portée des enfants, à qui on ne sauroit faire apprendre de trop bonne heure par règle les premiers éléments de leur Langue, pour les disposer à parler et à écrire correctement, ou à étudier avec plus de facilité les premiers éléments de la Langue Latine.

J'ai rejeté, dans le premier Chapitre, plusieurs observations que je n'aurois pas pu mettre dans le courant de l'Ouvrage, parce qu'elles supposent une connoissance au moins générale de toutes les parties du discours. C'est une espèce de petite Syntaxe Françoise, dans laquelle les enfants pourront apprendre à développer la construction d'une phrase, et à rendre raison du rapport des mots les uns à l'égard des autres.

Quand les enfants sauront bien ce qui est contenu dans cet Abrégé, les Maîtres trouveront dans le Livre des Principes généraux, de quoi ajouter aux premières idées qu'ils auront déjà prises des règles de notre Langue ; et, par ce moyen, ils les mettront insensiblement en état de les posséder, et d'en faire usage dans les circonstances les plus essentielles.

Ce que je dis pour les enfants, regarde également les personnes plus formées qui n'ont point étudié, et qui voudront apprendre la Grammaire Françoise. Elles pourront commencer par cet Abrégé, qui leur donnera une première notion des termes, et leur facilitera la lecture des autres Livres où les règles sont plus étendues et plus approfondies.

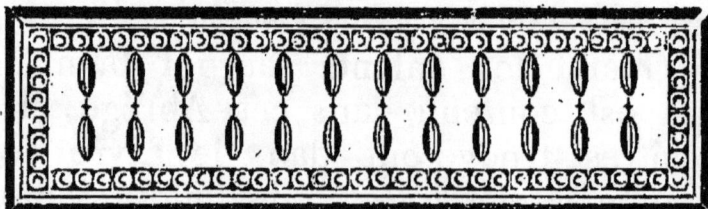

ABRÉGÉ

DES PRINCIPES

DE LA GRAMMAIRE

FRANÇOISE.

CHAPITRE PREMIER.

*De la Grammaire en général ; des Mots ;
des Syllabes , et des Lettres.*

DEMANDE. *Qu'est-ce que la Grammaire ?*
RÉPONSE. C'est l'art de parler et d'écrire
correctement.

D. *Qu'est-ce que parler ?*
R. C'est exprimer ses pensées par le moyen
de la voix.

D. *De quoi se sert-on pour cela ?*
R. On se sert de mots, que l'on appelle
encore parties du discours , ou parties de
l'oraison.

D. *De quoi les mots écrits sont-ils composés ?*
R. Ils sont composés de syllabes. Ainsi ,

A 4

dans le mot *opulent*, il y a trois syllabes, qui sont, *o-pu-lent;* et dans le mot *calomniateur*, il y en a cinq, qui sont, *ca-lom-ni-a-teur.*

D. *De quoi les syllabes sont-elles composées?*

R. Elles sont composées de lettres.

D. *Combien y a-t-il de sortes de lettres ?*

R. Il y en a de deux sortes ; savoir : les voyelles et les consonnes.

D. *Combien y a-t-il de sortes de voyelles ?*

R. Il y en a de trois sortes ; savoir : les voyelles simples, les voyelles composées, et les voyelles nasales.

D. *Qu'est-ce que les voyelles simples, et combien y en a-t-il ?*

R. Ce sont celles qui s'expriment par une seule lettre : il y en a cinq, qui sont *a, e, i* ou *y* grec, *o, u.*

D. *Qu'est-ce que les voyelles composées, et combien y en a-t-il ?*

R. Ce sont celles qui s'expriment par deux ou trois voyelles, lesquelles ne forment qu'un seul son simple.

Il y en a dix principales, qui sont *ea, ai, ei, oi, au, eau, eo, eu, oeu,* et *ou;* comme dans il *mangea, je chantai, maison, Seigneur, foible, auteur, tableau, geolier, feu, vœu,* et *genou.*

D. *Qu'est-ce que les voyelles nasales ?*

R. Ce sont des voyelles qui se prononcent un peu du nez, et qui s'expriment par une ou deux voyelles suivies d'une *n*, ou d'une *m*.

Il y en a seize, qui sont *an, ean, am, en, em, in, im, ain, ein, aim, on, eon, om, cun, eun,* et *um;* comme dans *plan, Jean, lampe, mentir, lien, temple, vin, impie, main, dessein*, *faim*, *bon*, *pigeon*, ombre, aucun, à jeun, et *humble*.

D. *Qu'est-ce que les diphtongues?*

R. Ce sont plusieurs voyelles qui expriment un double son, et qui se prononcent en une seule syllabe.

Il y en a onze principales; qui sont *ia*, *ie*, *io*, *oe*, *oi*, *ue*, *ui*, *ieu*, *ien*, *ion*, et *oin*; comme dans *liard*, *pitié*, *fiole*, *moelle*, *roi*, *écuelle*, *lui*, *Dieu*, *bien*, *nous aimions*, et *loin*.

D. *Combien y a-t-il de consonnes?*

R. Dix-huit; savoir : *b*, *c*, *d*, *f*, *g*, *j*, *k*, *l*, *m*, *n*, *p*, *q*, *r*, *s*, *t*, *v*, *x*, *z*.

D. *Combien distingue-t-on de sortes d'e?*

R. On en distingue de trois sortes, qui sont l'*e muet*, l'*e fermé*, l'*e ouvert*.

D. *Qu'est-ce que l'e muet?*

R. C'est un *e* qui n'a qu'un son sourd et obscur, et qui se prononce comme à la fin de ces mots, *monde*, *livres*, *hommes*, *etc.*

D. *Qu'est-ce que l'e fermé?*

R. C'est celui qui se prononce comme à la fin de ces mots, *café*, *bonté*, *charité*, *etc.*

D. *Qu'est-ce que l'e ouvert?*

R. C'est celui qui se prononce comme dans les secondes syllabes de ces mots, *misère*, *fidèle*, *tempête*, *extrême*, *succès*, *progrès*, *etc.*

D. *Faites-moi voir ces trois sortes d'e dans quelques mots.*

R. On les trouve dans les mots, *fermeté*, *netteté*, dont le premier *e* est ouvert, le second est muet, et le troisième est fermé.

D. *Combien y a-t-il de sortes d'e ouverts?*

R. Il y en a de deux sortes.

1.º L'*e* un peu ouvert, qui se prononce avec une ouverture de bouche un peu plus grande que celle qu'il faut pour la prononciation de l'*e* fermé; comme dans les secondes syllabes des mots, *misère, fidèle, musette tristesse, etc.*

2.º L'*e* fort ouvert, qui se prononce avec une ouverture de bouche plus considérable; comme dans la première syllabe de *guerre,* et dans les secondes de *tempête, extrême, succès, progrès , etc.*

D. *Combien y a-t-il d'accents ?*

R. Il y en a trois, qui sont l'accent aigu (′), l'accent grave (`), et l'accent circonflexe (ʌ).

D. *Quel est l'usage de l'accent aigu ?*

R. On le met sur tous les *e* fermés, soit au commencement, soit au milieu, soit à la fin des mots ; comme dans *vérité, témérité,* les *amitiés,* les *procédés, etc.*

D. *Quel est l'usage de l'accent grave ?*

R. On le met principalement sur les *e* ouverts, lorsqu'ils se trouvent à la fin des mots, et qu'ils sont suivis d'une *s* ; comme dans *après, procès, accès, très, près, etc.*

D. *Quel est l'usage de l'accent circonflexe ?*

R. On ne le met que sur les voyelles longues.

D. *Qu'est-ce que les voyelles longues ?*

R. Ce sont des voyelles sur lesquelles on appuye plus long-temps que sur les autres, en les prononçant.

D. *Comment appelle-t-on les voyelles qui ne sont pas longues ?*

R. On les appelle brèves.

D. *Donnez-moi, dans quelques mots, des exemples des voyelles brèves et longues?*

R. A, est long dans *un mâle*, et il est bref dans *une malle*.

E, est long dans *tempête*, et il est bref dans *trompette*.

I, est long dans *gîte*; et il est bref dans *petite*.

O, est long dans *Apôtre*, et il est bref dans *dévote*.

U, est long dans *flûte*, et il est bref dans *bûtte*.

D. *Qu'y a-t-il à observer sur la lettre* h ?

R. Elle est aspirée ou non aspirée.

D. *Qu'est-ce que l'*h *aspirée ?*

R. C'est celle qui fait prononcer avec aspiration, c'est-à-dire, du gosier, la voyelle dont elle est suivie, comme dans *le héros, la hauteur, la haine, etc.*

D. *Qu'est-ce que l'*h *non aspirée ?*

R. C'est celle qui n'ajoute rien à la prononciation de la voyelle suivante ; comme dans *l'homme, l'honneur,* qui se prononcent comme s'il n'y avoit que *l'omme, l'onneur,* sans *h.*

D. *Quel est l'usage de l'y grec ?*

R. On l'emploie le plus ordinairement pour exprimer deux *ii*; comme dans *essayer, envoyer, moyen*; qui se prononcent comme s'il y avoit *essai-ier, envoi-ier, moi-ien.*

D. *De combien de sortes de mots se sert-on pour parler ?*

R. De neuf, que l'on appelle *les neuf parties du discours* ou *de l'oraison.*

D. *Quelles sont les neuf parties du discours ?*

A 6

R. Le nom. L'article. Le pronom. Le verbe. Le participe. La préposition. L'adverbe. La conjonction. L'interjection.

CHAPITRE II.

Du Genre, du Nombre, et du Cas.

D. *Qu'est-ce que le genre ?*

R. C'est proprement une manière de distinguer, par l'expression, ce qui est mâle ou femelle.

D. *Combien y a-t-il de sortes de genres ?*

R. Deux ; le masculin et le féminin.

D. *Comment les connoît-on ?*

R. Quand on peut mettre *le* ou *un* avant un mot, il est masculin. Ainsi, *père* est masculin, parce qu'on peut dire, *le père* ou *un père*.

Quand on peut mettre *la* ou *une* avant un mot, il est féminin. Ainsi, *mère* est féminin, parce qu'on peut dire, *la mère* ou *une mère*.

D. *Qu'est-ce que le nombre ?*

R. C'est une manière d'exprimer l'unité ou la pluralité des choses.

D. *Combien y a-t-il de nombres ?*

R. Deux ; savoir : le *singulier*, quand on ne parle que d'une seule chose ; et le *pluriel*, quand on parle de plusieurs.

D. *Apportez-en quelques exemples.*

R. *Un homme* est au singulier ; *des hommes* sont au pluriel. *Le livre* est au singulier ; *les livres* sont au pluriel. *La table* est au singulier ; *les tables* sont au pluriel.

D. *Qu'est-ce que le cas ?*

R. C'est une manière d'exprimer les différents rapports que les choses ont les unes aux.
autres.

D. *Combien y a-t-il de cas?*

R. Six , *le nominatif, le génitif, le datif,
l'accusatif, le vocatif, l'ablatif.*

D. *A quelles parties du discours conviennent
les genres, les nombres et les cas ?*

R. Aux noms, aux articles, aux pronoms
et aux participes.

CHAPITRE III.

Du Nom.

D. *Qu'est-ce qu'un nom?*

R. C'est un mot qui sert à nommer ou à
qualifier quelque chose.

D. *Combien y a-t-il de sortes de noms?*

R. Deux ; le nom substantif, et le nom
adjectif.

D. *Qu'est-ce que le nom substantif?*

R. C'est celui qui signifie simplement la
chose, et qui subsiste de lui-même dans le discours ; comme *ciel, terre, arbre, etc.*

D. *Qu'est-ce que le nom adjectif ?*

R. C'est celui qui sert à qualifier la chose,
c'est-à-dire, qui en exprime quelque qualité,
ou qui marque de quelle façon elle est ; comme
rouge, aimable, généreux, etc.

D. *Quelle différence y a-t-il donc entre un
nom substantif et un nom adjectif?*

R. Un nom substantif n'a pas besoin d'être
joint à un nom pour être entendu. Ainsi, on

entend bien ce que veut dire, *habit*, *enfant*, *cœur*, *etc.*

Mais un nom adjectif suppose toujours un substantif auquel il se rapporte, et sans lequel il ne peut être entendu. Ainsi, *rouge*, *aimable*, *généreux*, ne s'entendent clairement que quand on y joint des noms substantifs ; comme quand on dit, *un habit rouge*, *un enfant aimable*, *un cœur généreux*.

I). *Donnez-nous une règle pour distinguer un nom substantif d'avec un nom adjectif.*

R. Un nom est substantif, quand on ne peut y joindre ni le mot *chose*, ni le mot *personne*; et il est adjectif, quand on peut y joindre l'un ou l'autre de ces deux mots.

D. *Appliquez cette règle à quelques noms.*

R. Table, *livre*, sont des noms substantifs, parce que je ne puis pas dire, *chose table*; *chose livre*, ni *personne table*, *personne livre*; mais *agréable*, *habile*, sont des noms adjectifs, parce que je puis dire, *chose agréable*, *une personne habile.*

D. *Combien y a-t-il de sortes de noms substantifs ?*

R. Il y en a de deux sortes, *les noms communs* et *les noms propres.*

D. *Qu'est-ce que les noms communs ?*

R. Ce sont ceux qui conviennent à plusieurs choses semblables ; comme les noms d'*ange* d'*homme* et de *cheval*, qui conviennent à tous les anges, à tous les hommes, et à tous les chevaux.

D. *Qu'est-ce que les noms propres ?*

R. Ce sont ceux qui ne conviennent qu'à une seule personne ou à une seule chose ;

comme les noms de *Cicéron* et de *Paris*, qui ne conviennent qu'à un seul homme et à une seule ville.

D. *Qu'est-ce que les noms de nombre?*

R. Ce sont des noms adjectifs, dont on se sert pour compter.

D. *Combien y en a-t-il de sortes?*

R. Il y en a de deux sortes; les noms de nombre absolus, et les noms de nombre ordinaux.

D. *Quels sont les noms de nombre absolus?*

R. Ce sont *un* ou *une*, *deux*, *trois*, *quatre*, *cinq*, *six*, *sept*, *huit*, *neuf*, *dix*, *onze*, *douze*, *treize*, *quatorze*, *quinze*, *seize*, *dix-sept*, *dix-huit*, *dix-neuf*, *vingt*, *trente*, *quarante*, *cinquante*, *soixante*, *soixante et dix*, *quatre-vingt*, *quatre-vingt-dix*, *cent*, *deux cents*, *mille*, *deux mille*, etc.

D. *Quels sont les noms de nombre ordinaux?*

R. Ce sont *le premier* ou *la première*, *le second* ou *la seconde*, *le troisième* ou *la troisième*, *le quatrième*, *le cinquième*, *le sixième*, *le septième*, *le huitième*, *le neuvième*, *le dixième*, etc.

D. *Comment connoît-on le genre des noms?*

R. Les noms avant lesquels on peut mettre *le* ou *un*, sont masculins; et les noms avant lesquels on peut mettre *la* ou *une*, sont féminins. Ainsi, *château* est du masculin, parce qu'on peut dire, *le château* ou *un château*; et *porte* est du féminin, parce qu'on peut dire, *la porte* ou *une porte*.

D. *Peut-on mettre* le *ou* la *avant les noms qui commencent par une voyelle ou par une* h *non aspirée?*

R. Non, car on ne peut pas dire *le oiseau,
la espérance, le homme, la humeur ;* mais
l'oiseau, l'espérance, l'homme, l'humeur.

D. *Que fait-on pour connoître le genre de ces
noms ?*

R. On y ajoute un nom adjectif qui commence par une consonne ; comme *bon, beau*
ou *grand.* Ainsi, en disant *le bel oiseau, la
bonne espérance, le grand homme, la belle humeur,* on connoît qu'*oiseau* et *homme* sont du
masculin, et *espérance* et *humeur* du féminin.

D. *Quels genres conviennent au nom substantif et au nom adjectif ?*

R. Le nom substantif n'est ordinairement
que d'un genre, du masculin ou du féminin ;
mais le nom adjectif est toujours de deux.
Ainsi, on dit bien *le bon, la bonne ;* mais
on ne dit pas *le père, la père.* Il faut dire
seulement *le père.* On dit *la chambre,* et non
le chambre.

D. *Ne connoît-on le genre des noms que par*
le *et* la, *ou par* un *et* une ?

R. On ne connoît que par ces mots le genre
des noms substantifs ; mais le genre des noms
adjectifs se connoît encore par la différence
de leurs terminaisons, c'est-à-dire, de leurs
dernières lettres. Par exemple, l'adjectif *bon*
fait *bonne* au féminin ; *beau* fait *belle, etc.*

D. *N'y a-t-il pas quelques règles pour connoître quelles sont les terminaisons des noms
adjectifs par rapport aux deux genres ?*

R. Oui ; il y en a deux générales.

I.re Tous les noms adjectifs terminés au
masculin par un *e* muet, ne changent pas
de terminaison au féminin. Ainsi, *honnête*

et *fidèle* font au féminin *honnête* et *fidèle ;* et on dit *un honnête homme, une honnête femme; un homme fidèle, une femme fidèle.*

II.me Les autres noms adjectifs qui ne sont pas terminés au masculin par un *e* muet, en prennent un au féminin. Ainsi, *grand* fait au féminin *grande ; charmant* fait *charmante ;* et on dit *un grand palais, une grande chambre, un jardin charmant, une fleur charmante.*

D. *Ces deux règles générales n'ont-elles pas d'exceptions ?*

R. La première n'en souffre pas ; mais il y en a quelques-unes pour la seconde, que l'on trouvera dans le Livre des Principes.

D. *Comment connoît-on qu'un nom est au singulier ou au pluriel ?*

R. Un nom est au singulier, quand il n'exprime qu'une seule chose, et qu'il est ou qu'il peut être précédé de *le* ou de *la* ; comme *le château, la porte.*

Un nom est au pluriel, quand il exprime plusieurs choses, et qu'il est ou qu'il peut être précédé de *les* ; comme *les châteaux, les portes.*

D. *N'y a-t-il pas encore une autre manière de distinguer le nombre des noms ?*

R. Oui ; la plupart des noms, tant substantifs qu'adjectifs, ont des terminaisons différentes au singulier et au pluriel.

D. *Donnez-moi une règle générale pour cette différence de terminaison ?*

R. Quand un nom n'est pas terminé par une *s* au singulier, il faut en ajouter une au pluriel; comme *le père, les pères ; la maison, les maisons ; le livre utile, les livres utiles* ; *la bonté, les bontés ; l'amitié, les amitiés,* etc.

D. *Y a-t-il des exceptions à cette règle ?*

R. Il y en a trois principales.

1.º Les noms terminés au singulier par *au, eu, ou,* prennent un *x* au pluriel : comme *le bateau, les bateaux ; le feu, les feux ; le caillou, les cailloux.*

2.º La plupart des noms terminés au singulier par *al* ou *ail,* font leur pluriel en *aux ;* comme *le cheval, les chevaux ; le travail, les travaux.*

3.º Les noms terminés au singulier par *s, z* ou *x,* gardent ces lettres au pluriel ; comme *le fils, les fils ; le nez, les nez ; la voix, les voix.*

Des Degrés de Comparaison.

D. *Qu'est-ce que les degrés de comparaison ?*

R. Ce sont les différentes manières d'exprimer les qualités des choses avec plus ou moins d'étendue.

D. *A quels noms conviennent les degrés de comparaison ?*

R. Aux seuls noms adjectifs.

D. *Combien y a-t-il de degrés de comparaison ?*

R. Trois ; *le positif, le comparatif, et le superlatif.*

D. *Comment exprime-t-on le positif ?*

R. Par l'adjectif simplement, sans y rien ajouter. Ainsi, *beau, grand, habile,* sont des adjectifs positifs.

D. *Combien y a-t-il de sortes de comparatifs ?*

R. Il y en a de trois sortes.

1.º *Le comparatif d'égalité,* qui se forme

en mettant les mots *autant* , *aussi* ou *si* ,
avant les adjectifs ; comme quand on dit ,
vous êtes AUTANT *habile* , ou AUSSI *habile que
votre frère.*

2.º *Le comparatif d'excès* , qui se forme
en mettant le mot *plus* avec les adjectifs ;
comme quand on dit , *l'histoire est* PLUS *utile
que la musique.*

3.º *Le comparatif de défaut* , qui se forme
en mettant le mot *moins* avant les adjectifs :
comme quand on dit , *Alexandre étoit* MOINS
prudent que César.

Les noms des choses comparées l'une à
l'autre , sont ordinairement liés par le mot
que , comme on le voit dans les exemples
précédents.

D. *N'y a-t-il pas quelques comparatifs qui
s'expriment en françois par un seul mot ?*

R. Oui ; et ce sont les adjectifs *meilleur* ,
pire , et *moindre* , qui signifient la même chose
que *plus bon* , *plus mauvais* , *plus petit.*

D. *Combien y a-t-il de sortes de superlatifs ?*

R. Il y en a de deux sortes : *le superlatif
absolu* , et *le superlatif relatif.*

D. *Comment se forment-ils ?*

R. 1.º *Le superlatif absolu* se forme en
mettant *très* ou *fort* avant les noms adjectifs ;
comme quand on dit , *Cicéron étoit* TRÈS-
éloquent. Votre procédé est FORT *honnête.*

2.º *Le superlatif relatif* se forme en mettant
le , *du* , *au* , *la* , *de la* , *à la* , *les* , *des* , *aux* ,
avant les comparatifs d'excès et de défaut ;
comme quand on dit , *Alexandre étoit* LE
PLUS *brave des hommes. Ma Sœur étoit* LA
PLUS *heureuse des femmes.* LA MEILLEURE *de*

toutes les sciences est celle du salut. Le
moindre mensonge est un péché.

D. *Dans quelles occasions les comparatifs
d'excès et de défaut deviennent-ils encore
superlatifs relatifs ?*

R. C'est quand ils sont précédés de *mon,
ma, mes, ton, ta, tes, son, sa, ses, notre,
nos, votre, vos* et *leur;* comme dans *mon
plus grand chagrin, sa meilleure robe, votre
moindre affaire;* c'est-à-dire, *le plus grand
chagrin de moi, la meilleure robe de lui* ou
d'elle, la moindre affaire de vous.

CHAPITRE IV.

Des Articles.

D. *Qu'est-ce que les articles ?*

R. Ce sont de petits mots qui se mettent
avant les noms, et qui en font ordinairement connoître le genre, le nombre et le
cas.

D. *Combien y a-t-il de sortes d'articles?*

R. Il y en a de quatre sortes : *les articles
définis, les articles indéfinis, les articles
partitifs,* et *l'article un, une.*

D. *Quels sont les articles définis ?*

R. Ce sont *le, la, les; du, de la, des;
au, à la, aux.*

D. *Comment connoît-on, par le moyen de
ces articles, le genre et le nombre des noms?*

R. En ce que, *le, du, au,* se mettent

avant les noms masculins au singulier ; *la*, *de la*, *à la*, avant les noms féminins au singulier ; et *les*, *des*, *aux*, avant les noms des deux genres au pluriel.

D. *Comment ces mêmes articles font-ils connoître le cas des noms ?*

R. En ce qu'un nom est au nominatif ou à l'accusatif, quand il est précédé de *le*, *la*, ou *les* ; qu'il est au génitif ou à l'ablatif, quand il est précédé de *du*, *de la*, ou *des* ; et qu'il est au datif, quand il est précédé de *au*, *à la*, ou *aux*.

D. *On ne met donc pas d'articles avant les noms au vocatif ?*

R. Non ; mais quelquefois la lettre *ô* ; comme *ô prince*, *ô table*.

D. *Ces articles définis se mettent-ils avant toutes sortes de noms ?*

R. *Le*, *du*, *au*, et *la*, *de la*, *à la*, ne se mettent qu'avant les noms masculins ou féminins qui commencent par une consonne ou par une *h* aspirée ; comme *le prince*, *du prince*, *au prince* ; *le héros*, *du héros*, *au héros* ; *la table*, *de la table*, *à la table* ; *la haine*, *de la haine*, *à la haine*.

Mais avant les noms masculins et féminins au singulier, qui commencent par une voyelle ou par une *h* non aspirée, on met une *l* avec l'apostrophe (') pour le nominatif et l'accusatif, en y ajoutant *de* pour le génitif et l'ablatif, et *à* pour le datif. Ainsi, au lieu de dire *le amour*, *la ame*, *le honneur*, on dit *l'amour*, *l'ame*, *l'honneur* ; *de l'amour*, *de l'ame*, *de l'honneur* ; *à l'amour*, *à l'ame*, *à l'honneur*.

Les , *des* , *aux* , se mettent avant toutes sortes de noms au pluriel, par quelque lettre qu'ils commencent.

D. *Qu'entendez-vous par décliner un nom ?*

R. J'entends réciter un nom avec les articles.

D. *Déclinez avec l'article défini un nom masculin qui commence par une consonne.*

R. SINGULIER.		PLURIEL.	
Nominatif,	*le* Prince.	Nominatif,	*les* Princes.
Génitif,	*du* Prince.	Génitif,	*des* Princes.
Datif,	*au* Prince.	Datif,	*aux* Princes.
Accusatif,	*le* Princo.	Accusatif,	*les* Princes.
Vocatif,	*ó* Prince.	Vocatif,	*ó* Princes.
Ablatif,	*du* Prince.	Ablatif,	*des* Princes.

D. *Déclinez avec le même article un nom féminin qui commence par une consonne.*

R. SINGULIER.		PLURIEL.	
Nom.	*la* Table.	Nom.	*les* Tables.
Gén.	*de la* Table.	Gén.	*des* Tables.
Dat.	*à la* Table.	Dat.	*aux* Tables.
Acc.	*la* Table.	Acc.	*les* Tables.
Voc.	*ó* Table.	Voc.	*ó* Tabl s.
Ablat.	*de la* Table.	Ablat.	*des* Tables.

D. *Déclinez un nom masculin qui commence par une voyelle.*

R. SINGULIER.		PLURIEL.	
Nom.	*l'*Amour.	Nom.	*les* Amours.
Gén.	*de l'*Amour.	Gén.	*des* Amours.
Dat.	*à l'*Amour.	Dat.	*aux* Amours.
Acc.	*l'*Amour.	Acc.	*les* Amours.
Voc.	*ó* Amour.	Voc.	*ó* Amours.
Ablat.	*de l'*Amour.	Ablat.	*des* Amours.

D. *Déclinez un nom féminin qui commence par une voyelle.*

R. SINGULIER.   PLURIEL.

Nom.	l'Ame.	Nom.	*les* Ames.
Gén.	*de* l'Ame.	Gén.	*des* Ames.
Dat.	*à* l'Ame.	Dat.	*aux* Ames.
Acc.	l'Ame.	Acc.	*les* Ames.
Voc.	ó Ame.	Voc.	ó Ames.
Ablat.	*de* l'Ame.	Ablat.	*des* Ames.

D. *Déclinez un nom masculin qui commence par une h non aspirée.*

R. SINGULIER.   PLURIEL.

Nom.	l'Honneur.	Nom.	*les* Honneurs.
Gén.	*de* l'Honneur.	Gén.	*des* Honneurs.
Dat.	*à* l'Honneur.	Dat.	*aux* Honneurs.
Acc.	l'Honneur.	Acc.	*les* Honneurs.
Voc.	ó Honneur.	Voc.	ô Honneurs.
Ablat.	*de* l'Honneur.	Ablat.	*des* Honneurs.

Les noms féminins, commençant par une *h* non aspirée, se déclinent comme *l'honneur.*

D. *Quels sont les articles indéfinis ?*

R. Ce sont *de* et *à*, lorsqu'ils sont seuls avant les mots : comme *de Dieu*, *à Dieu*.

D. *Ces articles font-ils connoître le genre et le nombre des noms ?*

R. Non : parce qu'ils se mettent également avant les noms masculins et féminins, singuliers et pluriels.

D. *De quels cas sont-ils la marque ?*

R. *De* est la marque du génitif ou de l'ablatif, et *à* est la marque du datif.

D. *Que fait-on quand de est avant un nom qui commence par une voyelle ou par une h non aspirée ?*

R. On supprime la voyelle *e*, à la place de laquelle on met l'apostrophe ('). Ainsi, au lieu de dire *une somme de argent*, *un livre de histoire*; on dit *une somme d'argent*, *un livre d'histoire*.

D. *Déclinez avec ces articles un nom masculin qui commence par une consonne.*

R.   Singulier.

Nom.	Dieu.	Acc.	Dieu.
Gén.	de Dieu.	Voc.	ó Dieu.
Dat.	à Dieu.	Ablat.	de Dieu.

D. *Déclinez avec ces mêmes articles un nom féminin qui commence par une consonne.*

R.   Singulier.

Nom.	Rome.	Acc.	Rome.
Gén.	de Rome.	Voc.	ó Rome.
Dat.	à Rome.	Ablat.	de Rome.

D. *Déclinez des noms qui commencent par une voyelle ou une h non aspirée.*

R.   Singulier.

Nom.	Antoine.	Acc.	Antoine.
Gén.	d'Antoine.	Voc.	ó Antoine.
Dat.	à Antoine.	Ablat.	d'Antoine.

Autre Singulier.

Nom.	Angélique.	Acc.	Angélique.
Gén.	d'Angélique.	Voc.	ó Angélique.
Dat.	à Angélique.	Ablat.	d'Angélique.

Autre Singulier.

Nom.	Hercule.	Acc.	Hercule.
Gén.	d'Hercule.	Voc.	ó Hercule.
Dat.	à Hercule.	Ablat.	d'Hercule.

D. *Quels sont les articles partitifs ?*
R. Ce sont les génitifs des articles définis et indéfinis; c'est-à-dire, *du, de la, de l'*,
                                                    des

dès et *de*, lorsqu'ils sont employés comme nominatifs ou accusatifs.

Le génitif ou l'ablatif de ces articles est simplement *de*.

Leur datif est *à du*, *à de la*, *à de l'*, *à des*, *à de*.

D. *Déclinez des noms avec des articles partitifs.*

R. Nom du masculin.

SINGULIER.		PLURIEL.	
Nom.	*du* Pain.	Nom.	*des* Pains.
Gén.	*de* Pain.	Gén.	*de* Pains.
Dat.	*à du* Pain.	Dat.	*à des* Pains.
Acc.	*du* Pain.	Acc.	*des* Pains.
Voc.		Voc.	
Ablat.	*de* Pain.	Ablat.	*de* Pains.

Nom du féminin.

SINGULIER.		PLURIEL.	
Nom.	*de la* Viande.	Nom.	*des* Viandes.
Gén.	*de* Viande.	Gén.	*de* Viandes.
Dat.	*à de la* Viande.	Dat.	*à des* Viandes.
Acc.	*de la* Viande.	Acc.	*des* Viandes.
Voc.		Voc.	
Ablat.	*de* Viande.	Ablat.	*de* Viandes.

Autre nom du masculin commençant par une voyelle.

SINGULIER.		PLURIEL.	
Nom.	*de l'*Esprit.	Nom.	*des* Esprits.
Gén.	*d'*Esprit.	Gén.	*d'*Esprits.
Dat.	*à de l'*Esprit.	Dat.	*à des* Esprits.
Acc.	*e l'*Esprit.	Acc.	*des* Esprits.
Voc.		Voc.	
Ablat.	*d'*Esprit.	Ablat.	*d'*Esprits.

B

Autre du féminin commençant par une
voyelle.

SINGULIER.		PLURIEL.	
Nom.	*de l'*Eau.	Nom.	*des* Eaux.
Gén.	*d'*Eau.	Gén.	*d'*Eaux.
Dat.	*à de l'*Eau.	Dat.	*à des* Eaux.
Acc.	*de l'*Eau.	Acc.	*des* Eaux.
Voc.		Voc.	
Ablat.	*d'*Eau.	Ablat.	*d'*Eaux.

Autre du masculin commençant par une *h*
non aspirée.

SINGULIER.		PLURIEL.	
Nom.	*de l'*Honneur.	Nom.	*des* Honneurs.
Gén.	*d'*Honneur.	Gén.	*d'*Honneurs.
Dat.	*à de l'*Honneur.	Dat.	*à des* Honneurs.
Acc.	*de l'*Honneur.	Acc.	*des* Honneurs.
Voc.		Voc.	
Ablat.	*d'*Honneur.	Ablat.	*d'*Honneurs.

Autre nom du masculin et du féminin
avec l'article partitif *de.*

SINGULIER.

Nom.	*de* bon Pain.	*de* bonne Viande.
Gén.	*de* bon Pain.	*de* bonne Viande.
Dat.	*à de* bon Pain.	*à de* bonne Viande.
Acc.	*de* bon Pain.	*de* bonne Viande.
Voc.		
Ablat.	*de* bon Pain.	*de* bonne Viande.

PLURIEL.

Nom.	*de* bons Pains.	*de* bonnes Viandes.
Gén.	*de* bons Pains.	*de* bonnes Viandes.
Dat.	*à de* bons Pains.	*à de* bonnes Viandes.
Acc.	*de* bons Pains.	*de* bonnes Viandes.
Voc.		
Ablat.	*de* bons Pains.	*de* bonnes Viandes.

Autre , avec l'Article *un , une.*

SINGULIER.

Nom.	*un* Homme.	*une* Femme.
Gén.	*d'un* Homme.	*d'une* Femme.
Dat.	*à un* Homme.	*à une* Femme.
Acc.	*un* Homme.	*une* Femme.
Voc.		
Ablat.	*d'*Homme.	*de* Femme.

PLURIEL.

Nom.	*des* Hommes.	*des* Femmes.
Gén.	*d'*Homme.	*de* Femmes.
Dat.	*à des* Hommes.	*à des* Femmes.
Acc.	*des* Hommes.	*des* Femmes.
Voc.		
Ablat.	*d'*Hommes.	*de* Femmes.

CHAPITRE V.

Du Pronom.

D. *Qu'est-ce qu'un pronom ?*

R. C'est un mot qui tient ordinairement la place du nom.

D. *Combien y a-t-il de sortes de pronoms ?*

R. Il y en a de sept sortes ; savoir :

Pronoms personnels. Pronoms conjonctifs. Pronoms possessifs. Pronoms démonstratifs. Pronoms rélatifs. Pronoms absolus. Pronoms indefinis.

ARTICLE PREMIER.

Des Pronoms personnels.

D. *Qu'est-ce que les pronoms personnels ?*

R. Ce sont ceux qui marquent directement les personnes, ou qui en tiennent la place.

D. *Combien y a-t-il de personnes ?*

R. Trois.

La première est celle qui parle.

La seconde est celle à qui on parle.

La troisième est celle de qui on parle.

D. *Quels sont les pronoms de chacune de ces trois personnes ?*

R. Les pronoms personnels de la première personne sont,

Je et *moi*, pour le singulier ; et

Nous, pour le pluriel.

Ils sont des deux genres.

Les pronoms personnels de la seconde personne sont,

Tu et *toi*, pour le singulier ; et

Vous, pour le pluriel.

Ils sont aussi des deux genres.

Les pronoms personnels de la troisième personne sont,

Il et *lui*, pour le singulier, } masculin.
Ils et *eux*, pour le pluriel, }

Elle, pour le singulier, } féminin.
Elles, pour le pluriel, }

D. *Comment se déclinent ces pronoms ?*
R. Ils se déclinent avec l'article indéfini.
D. *Déclinez-les de suite.*

R.   Pronoms de la première personne.

SINGULIER.		PLURIEL.	
Nom.	Je *ou* Moi.	Nom.	Nous.
Gén.	*de* Moi.	Gén.	*de* Nous.
Dat.	*à* Moi.	Dat.	*à* Nous.
Acc.	Moi.	Acc.	Nous.
Voc.		Voc.	
Ablat.	*de* Moi.	Ablat.	*de* Nous,

Pronoms de la seconde personne.

SINGULIER.		PLURIEL.	
Nom.	Tu *ou* Toi.	Nom.	Vous.
Gén.	*de* Toi.	Gén.	*de* Vous.
Dat.	*à* Toi.	Dat.	*à* Vous.
Acc.	Toi.	Acc.	Vous.
Voc.	ô Toi.	Voc.	ô Vous.
Ablat.	*de* Toi.	Ablat.	*de* Vous.

Pronoms de la troisième personne pour
le masculin.

SINGULIER.		PLURIEL.	
Nom.	Il *ou* Lui.	Nom.	Ils *ou* Eux.
Gén.	*de* Lui.	Gén.	*d'*Eux.
Dat.	*à* Lui.	Dat.	*à* Eux.
Acc.	Lui.	Acc.	Eux.
Voc.		Voc.	
Ablat.	*de* Lui.	Ablat.	*d'*Eux.

Pronoms de la troisième personne pour
le féminin.

SINGULIER.

Nom.	Elle.	Acc.	Elle.
Gén.	*d'*Elle.	Voc.	
Dat.	*à* Elle.	Ablat.	*d'*Elle.

PLURIEL.

Nom.	Elles.	Acc.	Elles.
Gén.	d'Elles.	Voc.	
Dat.	à Elles.	Ablat.	d'Elles.

D). *N'y a-t-il pas d'autres pronoms personnels ?*

R. Il y en a encore deux de la troisième personne ; savoir : le pronom réfléchi *Soi*, et le pronom général *On*.

D. *Comment se décline le pronom réfléchi Soi ?*

R. Il se décline comme les autres, excepté qu'il n'a point de nominatif au singulier.

D. *Déclinez-le.*

R.   SINGULIER.

Nom.	Soi.	Acc.	Soi.
Gén.	de Soi.	Voc.	
Dat.	à Soi.	Ablat.	de Soi.

PLURIEL.

Nom.	Eux-mêmes,	ou	Elles-mêmes.
Gén.	d'Eux-mêmes,	ou	d'Elles-mêmes.
Dat.	à Eux-mêmes,	ou	à Elles-mêmes.
Acc.	Eux-mêmes,	ou	Elles-mêmes.
Voc.			
Ablat.	d'Eux-mêmes,	ou	d'Elles-mêmes.

D. *Qu'est-ce que le pronom général* On ?

R. C'est un pronom qui marque une espèce de troisième personne générale et indéterminée, comme quand je dis, *on étudie, on joue, on mange ;* c'est comme si je disois d'une manière générale, *les hommes étudient, les hommes jouent, les hommes mangent.*

L'on se met souvent à la place de *on*, et on dit également, *l'on étudie, l'on joue, l'on mange.*

D. *Ce pronom se décline-t-il ?*

R. Non ; mais il est toujours regardé comme un nominatif singulier masculin.

ARTICLE II.

Des Pronoms Conjonctifs.

D. QU'EST-CE *que les pronoms conjonctifs ?*

R. Ce sont des pronoms qui se mettent ordinairement pour les cas des pronoms personnels.

D. *Combien y a-t-il de sortes de pronoms conjonctifs ?*

R. Il y en a autant de sortes qu'il y a de personnes, c'est-à-dire, trois sortes.

D. *Distinguez - les par rapport aux trois personnes.*

R. Les pronoms conjonctifs de la première personne sont,

Me, pour le singulier; et
Nous, pour le pluriel.

Ceux de la seconde personne sont,

Te, pour le singulier; et
Vous, pour le pluriel.

Ceux de la troisième personne sont,

Lui, *le*, *la*, pour le singulier ; et
Les, *leurs*, pour le pluriel.
Se, pour le singulier et le pluriel.

Il y en a deux qui conviennent aux trois personnes ; savoir :

En et *y*, pour le singulier et le pluriel.

D. *De quel genre sont tous ces pronoms ?*

R. Ils sont de deux genres, à l'exception

de *le*, qui n'est que pour le masculin, et de *la*, qui n'est que pour le féminin.

D. *Ces pronoms se déclinent-ils ?*

R. Non ; en ce que l'on n'y joint aucun article.

D. *Expliquez-moi comment ces pronoms conjonctifs se mettent pour les cas des pronoms personnels ?*

R. I. Il y en a cinq qui se mettent pour les datifs ou accusatifs des pronoms personnels. Ce sont *me*, *nous*, *te*, *vous*, et *se*.

ME, pour *à moi* ou *moi*. *Vous* ME *donnez un livre ; vous* ME *regardez*, c'est-à-dire, *vous donnez un livre* A MOI ; *vous regardez* MOI.

Nous, pour *à nous* ou *nous*. *Le Roi* NOUS *accorde une grace. Le Ciel* NOUS *favorise*, c'est-à-dire, *le Roi accorde une grace à* NOUS ; *le Ciel favorise* NOUS.

TE, pour *à toi* ou *toi. Ton maître* TE *donnera une récompense ; ton maître* TE *punira*, c'est-à-dire, *ton maître donnera une récompense* A TOI ; *ton maître punira* TOI.

Vous, pour *à vous* ou *vous. Je* VOUS *porterai de l'argent ; je* VOUS *estime*, c'est-à-dire, *je porterai de l'argent à* VOUS ; *j'estime* VOUS.

Se, pour *à soi* ou *soi*, *à eux-mêmes*, *à elles-mêmes*, ou pour *eux-mêmes*, *elles-mêmes. Pierre* SE *donne des louanges ; les femmes doivent s'instruire ;* c'est-à-dire, *Pierre donne des louanges à* SOI ; *les femmes doivent s'instruire.* ELLES-MEMES.

II. Il y en a trois qui ne se mettent que pour le datif ; savoir : *lui* et *leur*, pour le datif des pronoms personnels ; et *y* ; pour le datif de quelque nom.

Lui , pour *à lui* ou *à elle. Je* lui *dois du respect* , c'est-à-dire, *je dois du respect à* lui ou a elle.

Leur , pour *à eux* ou *à elle. Je* leur *fais grace* ; c'est-à-dire , *je fais grace à* eux ou a elle.

Y , pour *à cette chose* ou *à ces choses. Je m'y applique* , c'est-à-dire , *je m'applique* a cette chose ou a ces choses.

III. Il y en a trois qui ne se mettent que pour l'accusatif des pronoms personnels ou de quelque nom. Ce sont *le , la , les.*

Le , pour *lui* ou *cela. Je* le *connois* ; *vous* le *savez* , c'est-à-dire , *je connois* lui ; *vous savez* cela.

La , pour *elle* ou *cette chose. Je* la *flatte ; nous* la *considérons* , c'est-à-dire , *je flatte* elle ; *nous considérons* cette chose.

Les , pour *eux* ou *elles* , ou *ces choses. Je* les *aime ; il faut* les *rendre* , c'est-à-dire , *j'aime* eux ou elles ; *il faut rendre* ces choses.

IV. Il y en a un ; savoir : *en* , qui tient lieu du génitif ou de l'ablatif de tous les pronoms personnels ou de quelqu'autre nom. Ainsi , j'en *parle* , peut signifier , *je parle* de moi, de nous, de toi, de vous, de lui, d'elle, d'eux, d'elles , de cela, de cette chose , ou de ces choses.

ARTICLE III.

Des Pronoms possessifs.

D. *Qu'est-ce que les pronoms possessifs ?*

R. Ce sont des pronoms qui marquent possession ; comme quand je dis : mon *habit,* votre *chapeau,* son *livre,* c'est - à - dire, *l'habit que je possède, le chapeau qui vous appartient, le livre qui est à lui.*

D. *Combien y a-t-il de sortes de pronoms possessifs ?*

R. Il y en a de deux sortes ; les pronoms possessifs absolus, et les pronoms possessifs relatifs.

D. *Qu'est - ce que les pronoms possessifs absolus ?*

R. Ce sont ceux qui se joignent toujours à un nom substantif, comme, *mon habit.*

D. *Qu'est-ce que les pronoms possessifs relatifs ?*

R. Ce sont ceux qui se rapportent à un nom déjà exprimé ; comme quand, après avoir parlé d'habit, je dis le mien, c'est-à-dire, *mon habit.*

D. *De quelles personnes sont les pronoms possessifs, tant absolus que relatifs ?*

R. Il y en a pour les trois personnes, et ils se rapportent chacun à quelqu'un des pronoms personnels, tant singuliers que pluriels.

D. *Quels sont les pronoms possessifs absolus, et à quels pronoms personnels se rapportent-ils ?*

R. Ce sont,

SINGULIER.		PLURIEL.	
Masc.	*Fém.*	*des deux genres.*	
Mon.	Ma.	Mes, *qui se rapportent à*	*Moi.*
Ton.	Ta.	Tes, *qui se rapportent à*	*Toi.*
Son.	Sa.	Ses, *qui se rapportent à* Lui *ou à* Elle.	
Notre.	Notre.	Nos, *qui se rapportent à*	*Nous.*
Votre.	Votre.	Vos, *qui se rapportent à*	*Vous.*
Leur.	Leur.	Leurs, *qui se rapportent à* Eux *ou à* Elles.	

D. *Quels sont les pronoms possessifs relatifs, et les pronoms personnels auxquels ils se rapportent ?*

R. Ce sont,

SINGULIER.		PLURIEL.		
Masc.	*fém.*	*Masc.*	*fém.*	
Le Mien,	la Mienne.	Les Miens,	les Miennes.	*Moi.*
Le Tien,	la Tienne.	Les Tiens,	les Tiennes.	*Toi.*
Le Sien,	la Sienne	Les Siens,	les Siennes.	*Lui* ou *Elle.*
Le Nôtre,	la Nôtre.	Les Nôtres,	les Nôtres.	*Nous.*
Le Vôtre,	la Vôtre.	Les Vôtres,	les Vôtres.	*Vous.*
Le Leur,	la Leur.	Les Leurs,	les Leurs.	*Eux* ou *Elles.*

D. *Pourquoi ces mots sont-ils mis au rang des pronoms ?*

R. Parce qu'ils tiennent la place des pronoms personnels ou des noms au génitif. Ainsi, *mon ouvrage, notre devoir, ton habit, votre maître, son cheval, leur Roi,* signifient, *l'ouvrage de moi, le devoir de nous, l'habit de toi, le maître de vous, le cheval de lui* ou *de Pierre, le Roi d'eux* ou *des François.*

Il en est de même des pronoms possessifs relatifs.

D. *Pourquoi avez-vous mis un accent circonflexe sur* nôtre, vôtre, *possessifs relatifs, et n'en avez-vous point mis sur* notre, votre, *possessifs absolus ?*

R. Parce que la voyelle *ó* dans *nôtre, vôtre,*

possessifs relatifs, est toujours longue, et qu'elle est brève dans *notre*, *votre*, possessifs absolus.

D. *Quels articles prennent les pronoms possessifs ?*

R. Les possessifs absolus prennent l'article indéfini., et les possessifs relatifs prennent l'article défini.

D. *Déclinez-les de suite , en joignant les masculins aux féminins; et pour vous exercer , ajoutez des noms.*

R. SINGULIER.

	Masculin.	Féminin.
Nom.	mon Livre.	ma Plume.
Gén.	de mon Livre.	de ma Plume.
Dat.	à mon Livre.	à ma Plume.
Acc.	mon Livre.	ma Plume.
Voc.	ô mon Livre.	ô ma Plume.
Ablat.	de mon Livre.	de ma Plume.

PLURIEL.

Nom.	mes Livres.	mes Plumes.
Gén.	de mes Livres.	de mes Plumes.
Dat.	à mes Livres.	à mes Plumes.
Acc.	mes Livres.	mes Plumes.
Voc.	ô mes Livres.	ô mes Plumes.
Ablat.	de mes Livres.	de mes Plumes.

SINGULIER.

Nom.	ton Ami.	ta Maison.
Gén.	de ton Ami.	de ta Maison.
Dat.	à ton Ami	à ta Maison.
Acc.	ton Ami.	ta Maison.
Voc.		
Ablat.	de ton Ami.	de ta Maison,

PLURIEL.

Nom.	tes Amis.	tes Maisons.
Gén.	de tes Amis.	de tes Maisons.
Dat.	à tes Amis.	à tes Maisons.
Acc.	tes Amis.	tes Maisons.
Voc.		
Ablat.	de tes Amis.	de tes Maisons.

SINGULIER.

	Masculin.	Féminin.
Nom.	son Cousin.	sa Cousine.
Gén.	de son Cousin.	de sa Cousine.
Dat.	à son Cousin.	à sa Cousine.
Acc.	son Cousin.	sa Cousine.
Voc.		
Ablat.	de son Cousin.	de sa Cousine.

PLURIEL.

Nom.	ses Cousins.	ses Cousines.
Gén.	de ses Cousins.	de ses Cousines.
Dat.	à ses Cousins.	à ses Cousines.
Acc.	ses Cousins.	ses Cousines.
Voc.		
Ablat.	de ses Cousins.	de ses Cousines.

SINGULIER.

Nom.	notre Frère.	notre Sœur.
Gén.	de notre Frère.	de notre Sœur.
Dat.	à notre Frère.	à notre Sœur.
Acc.	notre Frère.	notre Sœur.
Voc.	ó notre Frère.	ó notre Sœur.
Ablat.	de notre Frère.	de notre Sœur.

PLURIEL.

Nom.	nos Frères.	nos Sœurs.
Gén.	de nos Frères.	de nos Sœurs.
Dat.	à nos Frères.	à nos Sœurs.
Acc.	nos Frères.	nos Sœurs.
Voc.	ó nos Frères.	ó nos Sœurs.
Ablat.	de nos Frères.	de nos Sœurs.

SINGULIER.

Nom.	votre Lit.	votre Chambre.
Gén.	de votre Lit.	de votre Chambre.
Dat.	à votre Lit.	à votre Chambre.
Acc.	votre Lit.	votre Chambre.
Voc.		
Ablat.	de votre Lit.	de votre Chambre.

PLURIEL.

	Masculins.	Féminins.
Nom.	vos Lits.	vos Chambres.
Gén.	de vos Lits.	de vos Chambres.
Dat.	à vos Lits.	à vos Chambres.
Acc.	vos Lits.	vos Chambres.
Voc.		
Ablat.	de vos Lits.	de vos Chambres.

SINGULIER.

Nom.	leur Papier.	leur Table.
Gén.	de leur Papier.	de leur Table.
Dat.	à leur Papier.	à leur Table.
Acc.	leur Papier.	leur Table.
Voc.		
Ablat.	de leur Papier.	de leur Table.

PLURIEL.

Nom.	leurs Papiers.	leurs Tables.
Gén.	de leurs Papiers.	de leurs Tables.
Dat.	à leurs Papiers.	à leurs Tables.
Acc.	leurs Papiers.	leurs Tables.
Voc.		
Ablat.	de leurs Papiers.	de leurs Tables.

SINGULIER.

Nom.	le Mien.	la Mienne.
Gén.	du Mien.	de la Mienne
Dat.	au Mien	à la Mienne.
Acc.	le Mien.	la Mienne.
Voc.		
Ablat.	du Mien.	de la Mienne.

PLURIEL.

Nom.	les Miens.	les Miennes.
Gén.	des Miens.	des Miennes.
Dat.	aux Miens.	aux Miennes.
Acc.	les Miens.	les Miennes.
Voc.		
Ablat.	des Miens.	des Miennes.

SINGULIER.

	Masculins.	Féminins.
Nom.	*le* Leur.	*la* Leur.
Gén.	*du* Leur.	*de la* Leur.
Dat.	*au* Leur.	*à la* Leur.
Acc.	*le* Leur.	*la* Leur.
Voc.		
Ablat.	*du* Leur.	*de la* Leur.

PLURIEL.

Nom.	*les* Leurs.	*les* Leurs.
Gén.	*des* Leurs.	*des* Leurs.
Dat.	*aux* Leurs.	*aux* Leurs.
Acc.	*les* Leurs.	*les* Leurs.
Voc.		
Ablat.	*des* Leurs.	*des* Leurs.

Les autres noms possessifs relatifs se déclinent comme ces deux derniers.

D. Mon, ton, son, *au singulier, ne s'emploient-ils qu'avec les noms masculins ?*

R. Ils s'emploient encore avec tous les noms féminins qui commencent par une voyelle, ou par une *h* non aspirée. Ainsi, au lieu de dire, *ma ame, ta industrie, sa espérance*, on dit, *mon ame, ton industrie, son espérance.*

ARTICLE IV.

Des Pronoms démonstratifs.

D. QU'EST-CE *que les pronoms démonstratifs ?*

R. Ce sont des pronoms qui servent à montrer quelque chose ; comme quand je dis, *ce livre, cette table*, je montre un livre et une table.

D. *Quels sont ces pronoms ?*
R. Ce sont :

Masc.	SING.	Ce, Cet.	PLUR.	Ces.
Fém.		Cette.		Ces.
Masc.		Celui.		Ceux.
Fém.		Celle.		Celles.
Masc.		Celui-ci.		Ceux-ci.
Fém.		Celle-ci.		Celles-ci.
Masc.		Celui-là.		Ceux-là.
Fém.		Celle-là.		Celles-là.
Masc.		{ Ceci. { Cela.		

D. *Quand se sert-on de* ce *ou de* cet ?
R. On se sert de *ce* avant les noms masculins qui commencent par une consonne,
ou par une *h* aspirée ; comme, *ce palais, ce
héros ;* et on se sert de *cet* avant les noms
masculins qui commencent par une voyelle,
ou par une *h* non aspirée ; comme, *cet oiseau,
cet honneur.*

D. *Quelle différence y a-t-il entre* celui-ci,
celle-ci, ceci, *et* celui-là, celle-là, cela ?
R. C'est qu'on emploie les pronoms *celui-ci,
celle-ci, ceci,* pour montrer des choses pré-
sentes ; et les pronoms *celui-là, celle-là, cela,*
pour montrer des choses plus éloignées.

D. *De quelle personne sont les pronoms
démonstratifs ?*
R. Ils sont tous de la troisième personne.

D. *Quel article prennent-ils ?*
R. Ils prennent l'article indéfini.

D. *Déclinez-les en joignant des noms à ceux
qui peuvent en souffrir.*

R. S I N G U L I E R.

Nom.	ce Palais.	cet Oiseau.
Gén.	de ce Palais.	de cet Oiseau.
Dat.	à ce Palais.	à cet Oiseau.
Acc.	ce Palais.	cet Oiseau.
Voc.		
Ablat.	de ce Palais.	de cet Oiseau.

P L U R I E L.

Nom.	ces Palais.	ces Oiseaux.
Gén.	de ces Palais.	de ces Oiseaux.
Dat.	à ces Palais.	à ces Oiseaux.
Acc.	ces Palais.	ces Oiseaux.
Voc.		
Ablat.	de ces Palais.	de ces Oiseaux.

S I N G U L I E R. P L U R I E L.

Nom.	cette Femme.	Nom	ces Femmes.
Gén.	de cette Femme.	Gén.	de ces Femmes.
Dat.	à cette Femme.	Dat.	à ces Femmes.
Acc.	cette Femme.	Acc.	ces Femmes.
Voc.		Voc.	
Ablat.	de cette Femme.	Ablat.	de ces Femmes.

S I N G U L I E R. P L U R I E L.

Nom.	Celui.	Celle.	Nom.	Ceux.	Celles.
Gén.	de Celui.	de Celle.	Gén.	de Ceux.	de Celles.
Dat.	à Celui.	à Celle.	Dat.	à Ceux.	à Celles.
Acc.	Celui.	Celle.	Acc.	Ceux.	Celles.
Voc.			Voc.		
Ablat.	de Celui.	de Celle.	Ablat.	de Ceux.	de Celles.

S I N G U L I E R.

Nom.	Celui-ci.	Celle-ci.
Gén.	de Celui-ci.	de Celle-ci.
Dat.	à Celui-ci.	à Celle-ci.
Acc.	Celui-ci.	Celle-ci.
Voc.		
Ablat.	de Celui-ci.	de Celle-ci.

P L U R I E L.

Nom.	Ceux-ci.	Celles-ci.
Gén.	de Ceux-ci.	de Celles-ci.
Dat.	à Ceux-ci.	à Celles-ci.
Acc.	Ceux-ci.	Celles-ci.
Voc.		
Ablat.	de Ceux-ci.	de Celles-ci.

S I N G U L I E R.

Nom.	Celui-là.	Celle-là.
Gén.	*de* Celui-là.	*de* Celle-là.
Dat.	*à* Celui-là.	*à* Celle-là.
Acc.	Celui-là.	Celle-là.
Voc.		
Ablat.	*de* Celui-là.	*de* Celle-là.

P L U R I E L.

Nom.	Ceux-là.	Celles là.
Gén.	*de* Ceux-là.	*de* Celles-là.
Dat.	*à* Ceux-là.	*à* Celles-là.
Acc.	Ceux-là.	Celles-là.
Voc.		
Ablat.	*de* Ceux-là.	*de* Celles-là.

S I N G U L I E R.

Nom.	Ceci.	Cela.
Gén.	*de* Ceci.	*de* Cela.
Dat.	*à* Ceci.	*à* Cela.
Acc.	Ceci.	Cela.
Voc.		
Ablat.	*de* Ceci.	*de* Cela.

Ces deux pronoms n'ont point de pluriel.

A R T I C L E V.

Des Pronoms relatifs.

D. *Qu'est-ce que les pronoms relatifs ?*

R. Ce sont des pronoms qui ont toujours rapport à un nom ou à un pronom qui les précède.

D. *Quels sont ces pronoms ?*

R. Ce sont,

Qui, *que*, *quoi*, *dont*, des deux genres.

Lequel, masculin.

Laquelle, féminin.

D. Comment appelle - t - on le nom ou le pronom auquel se rapporte le pronom relatif?

R. On l'appelle l'antécédent du pronom relatif.

D. Faites-moi connoître, par quelques exemples, le rapport du pronom relatif avec son antécédent ?

R. Quand je dis , *Dieu* QUI *aime les hommes, l'argent* QUE *j'ai dépensé* ; *qui*, se rapporte à *Dieu* ; *que*, se rapporte à *l'argent* : et c'est comme si je disois, *Dieu* LEQUEL DIEU *aime les hommes* ; *l'argent* LEQUEL ARGENT *j'ai dépensé.* Par conséquent , *qui* et *que* sont les pronoms relatifs, dont *Dieu* et *l'argent* sont les antécédents.

D. Quel article prennent les pronoms relatifs ?

R. Ils prennent l'article indéfini , excepté *lequel* et *laquelle*, qui ne font qu'un même mot avec l'article défini.

D. Déclinez-les.

R.   S I N G U L I E R.

Nom.	Qui.	Acc.	Qui, *ou* Dont.
Gén.	*de* Qui , *ou* Dont.	Voc.	
Dat.	*à* Qui.	Ablat.	*de* Qui , *ou* Dont.

Le pluriel est comme le singulier.

S I N G U L I E R.

Nom.		Acc.	Quoi , *ou* Dont.
Gén.	*de* Quoi , *ou* Dont.	Voc.	
Dat.	*à* Quoi.	Ablat.	*de* Quoi , *ou* Dont.

Le pluriel est comme le singulier.

SINGULIER.		PLURIEL.	
Nom.	Lequel, Laquelle.	Nom.	Lesquels, Lesquelles.
Gén.	Duquel, *de* Laquelle, *ou* Dont.	Gén.	Desquels, Desquelles, *ou* Dont.
Dat.	Auquel, *à* Laquelle.	Dat.	Auxquels, Auxquelles.
Acc.	Lequel, *de* Laquelle, *ou* Que.	Acc.	Lesquels, Lesquelles, *ou* Que.
Voc.		Voc.	
Abl.	Duquel, *de* Laquelle, *ou* Dont.	Abl.	Desquels, Desquelles, *ou* Dont.

D. Dans quelles occasions que *est-il pronom relatif ?*

R. Quand on peut le tourner par *lequel* ou *laquelle*, *lesquels* ou *lesquelles*.

D. En quels cas sont que *et* dont *?*

R. Que ne s'emploie ordinairement qu'à l'accusatif du singulier ou du pluriel.

Dont exprime toujours un génitif ou un ablatif du singulier ou du pluriel.

ARTICLE VI.

Des Pronoms absolus.

D. *Q*UELS *sont les pronoms absolus ?*
  R. Ce sont :
   Qui, des deux genres.
   Que et *quoi*, du masculin.
   Quel, masculin.
   Quelle, féminin.
   Lequel, masculin.
   Laquelle, féminin.
  D. *Pourquoi ces pronoms sont-ils apellés absolus ?*

R. Parce qu'ils n'ont pas d'antécédent, comme les pronoms relatifs.

D. Comment s'emploient-ils dans le dicours ?

R. Ils s'emploient avec interrogation, ou sans interrogation.

D. Donnez-moi des exemples où ils s'em-ploient avec interrogation ?

R. Qui *vous a accusé ?* QUE *vous donne-rai-je ?* A QUOI *pensez-vous ?* QUEL *livre lisez-vous ?* QUELLE *réponse vous a-t-on faite ?* LEQUEL *choisirons-nous ?* LAQUELLE *avez-vous vue ?*

D. Donnez-moi des exemples où ces pro-noms s'emploient sans interrogation ?

R. Je sais QUI *vous a accusé. Je ne sais* QUE *vous donner. Dites-moi* A QUOI *vous pensez. On demande* QUEL *livre vous lisez. Je devine* QUELLE *réponse on vous a faite. Conseillez-nous* LEQUEL *nous choisirons. J'ignore* LAQUELLE *vous avez vue.*

D. Comment se déclinent les pronoms abso-lus ?

R. Ils se déclinent de la même manière que les pronoms relatifs, et *quel* se décline avec l'*article* indéfini.

R. SINGULIER.		PLURIEL.	
Nom.	Quel. Quelle.	Nom.	Quels. Quelles.
Gén.	*de* Quel. *de* Quelle.	Gén.	*de* Quels. *de* Quelles.
Dat.	*à* Quel. *à* Quelle.	Dat.	*à* Quels. *à* Quelles.
Acc.	Quel. Quelle.	Acc.	Quels. Quelles.
Voc.		Voc.	
Abl.	*de* Quel. *de* Quelle.	Abl.	*de* Quels. *de* Quelles.

D. Quand le pronom qui *est-il relatif ou absolu ?*

R. Qui *est* pronom relatif, quand on peut le tourner par *lequel* ou *laquelle,* au singulier ou au pluriel ; comme quand on dit : *L'en-nemi* QUI *vous a accusé. La grace* QUI *sanc-tifie. Les maîtres de* QUI *vous dépendez. Les personnes à* QUI *j'ai parlé:* c'est - à - dire , *l'ennemi* LEQUEL *vous a accusé. La grace* LAQUELLE *sanctifie. Les maîtres* DESQUELS *vous dépendez. Les personnes* AUXQUELLES *j'ai parlé.*

Qui est pronom absolu, quand on peut le tourner par *quelle personne ;* comme quand on dit : QUI *vous a accusé ?* ou *je sais* QUI *vous a accusé,* c'est-à-dire, QUELLE PER-SONNE *vous a accusé ?* ou *je sais quelle* PER-SONNE *vous a accusé.*

D. *Quand les pronoms* que *et* quoi *sont-ils relatifs absolus ?*

R. *Que* et *quoi* sont pronoms relatifs, quand on peut les tourner pas *lequel, laquelle,* au singulier ou au pluriel ; comme quand on dit : *le Prince* QUE *je sers. La langue* QUE *j'étudie. Les livres* QUE *je lis. Les sciences* QUE *j'aime. Les dangers à* QUOI *on s'expose :* c'est-à-dire, *le Prince* LEQUEL *je sers. La langue* LAQUELLE *j'étudie. Les livres* LES-QUELS *je lis. Les sciences* LESQUELLES *j'aime. Les dangers* AUXQUELS *on s'expose.*

Que et *quoi* sont pronoms absolus, quand on peut les tourner par *quelque chose ;* comme quand on dit : QUE *vous donnerai-je ? dites-moi à* QUOI *vous pensez ?* c'est-à-dire, QUELLE CHOSE *vous donnerai-je ? dites-moi à* QUELLE CHOSE *vous pensez.*

D. *Quand les pronoms* lequel *et* laquelle *sont-ils relatifs ou absolus ?*

R. *Lequel* et *laquelle* sont pronoms relatifs,

quand on peut y joindre leurs antécédents ;
comme quand on dit : *le livre dans* LEQUEL
j'étudie. Les sciences AUXQUELLES *je m'applique,* c'est-à-dire, *le livre dans* LEQUEL
LIVRE *j'étudie. Les sciences* AUXQUELLES
SCIENCES *je m'applique.*

Lequel où *laquelle* sont pronoms absolus,
quand on peut les tourner par *quel* ou *quelle,*
en y joignant le nom auquel ils se rapportent ;
comme quand on dit, en parlant de maisons,
LAQUELLE *avez-vous achetée ?* et en parlant
de livre, *je vois* AUQUEL *vous donnez la
préférence :* c'est-à-dire, QUELLE MAISON
avez-vous achetée ? je vois A QUEL LIVRE
vous donnez la préférence.

ARTICLE VII.

Des Pronoms indéfinis ou indéterminés.

D. *Qu'est-ce que les pronoms indéfinis ?*

R. Ce sont des mots qui ont ordinairement
une signification générale et indéterminée.

D. *Comment les appelle-t-on encore ?*

R. On les appelle encore *pronoms impro-
pres,* parce que la plupart peuvent être aussi-
bien regardés comme adjectifs, que comme
pronoms.

D. *Combien y a-t-il de sortes de pronoms
indéfinis ?*

R. Il y en a de quatre sortes.

1.° Ceux qui ne sont jamais joints à aucun
substantif.

Ce sont, *quiconque ; quelqu'un, quelqu'une ; chacun, chacune ; autrui ; personne* dans le sens d'aucun ; *rien ; l'un, l'autre.*

2.º Ceux qui sont toujours joints à un substantif.

Ce sont, *quelque ; chaque ; certain, certaine,* dans le sens de *quelque ; quelconque.*

3.º Ceux qui quelquefois sont joints à un nom substantif, et quelquefois n'y sont pas joints.

Ce sont, *nul, nulle : aucun, aucune ; pas un, pas une ; autre ; l'un et l'autre ; même ; tel, telle ; plusieurs ; tout, toute* : pluriel, *tous, toutes.*

4.º Ceux qui sont suivis de *que*, et qui avec ce mot ont une signification particulière.

Ce sont, *qui que ce soit*, ou *qui que ce fût.*

Quoique ce soit, ou *quoi que ce fût.*

Quel que, ou *quelle que*. QUEL QUE *soit votre bonheur*. QUELLE QUE *soit mon amitié pour vous.*

Quoi que. QUOI QUE *vous fassiez*. QUOI QU'IL *arrive.*

Quelque....... que. QUELQUE *mérite* QUE *vous ayez.*

Tout ... que ; toute ... que. TOUT *habile homme* QUE *vous êtes*. TOUTE *belle* QU'est la campagne.

D. *Avec quels articles se déclinent les pronoms indéfinis ?*

R. Ils se déclinent avec l'article indéfini, excepté, *l'un, l'autre, autre, l'un et l'autre, même*, qui se déclinent avec l'article défini.

CHAPITRE

CHAPITRE VI.

Du Verbe.

D. *Qu'est-ce que le verbe ?*

R. Le verbe est un mot, dont le principal usage est de signifier l'affirmation ou le jugement que nous faisons des choses.

D. *Donnez-moi des exemples de cette signification du verbe?*

R. Quand je dis : *la vertu est aimable, Dieu aime les hommes ;* j'affirme ou je juge de *la vertu*, qu'elle est *aimable;* et de *Dieu*, qu'il *aime les hommes ;* par conséquent les mots *est* et *aime* sont des verbes.

D. *De quoi un verbe est-il toujours accompagné?*

R. Il est toujours accompagné d'un sujet et d'un attribut.

D. *Qu'est-ce que le sujet d'un verbe?*

R. Le sujet, que l'on appelle encore le nominatif du verbe, est un nom substantif ou un pronom qui exprime la personne ou la chose dont on affirme ; comme *la vertu* dans *la vertu est aimable*, ou *elle* dans *elle est aimable.*

D. *Qu'est-ce que l'attribut ?*

R. C'est un nom adjectif qui exprime ce qu'on affirme de la personne ou de la chose. Ainsi, *aimable* est un attribut qui exprime ce que j'affirme de la *vertu.*

D. *Comment divise-t-on les verbes ?*

R. Il y en a de deux espèces générales ; *les verbes substantifs, et les verbes adjectifs.*

C

D. Qu'est-ce que le verbe substantif?

R. C'est celui qui n'exprime que l'affirmation, et qui est séparé de l'attribut. Ainsi, *est*, dans *la vertu est aimable*, est un verbe séparé de l'attribut *aimable*.

D. Qu'est-ce que les verbes adjectifs!

R. Ce sont ceux qui expriment en un seul mot l'affirmation avec l'attribut, comme : *aime, règne, étudie*, dans *Dieu aime, Louis seize règne, Pierre étudie;* car c'est comme si l'on disoit, *Dieu est aimant; Louis seize est régnant; Pierre est étudiant;* où l'on voit que l'affirmation est marquée par *est*, et les attributs par *aimant, régnant* et *étudiant*.

D. Comment appelle-t-on une suite de mots qui contient un sujet et un attribut liés par un verbe?

R. On l'appelle une *proposition* ou *une phrase*.

D. N'y a-t-il pas un moyen facile de s'assurer si un mot est un verbe?

R. Oui; quand on peut mettre les pronoms personnels *je, tu, il*, avant un mot, ce mot est un verbe. Ainsi, dans ces phrases, *l'histoire nous instruit; les premiers Romains méprisoient les richesses :* instruit et méprisoient sont des verbes, parce qu'on peut dire, *j'instruis, tu instruis, il instruit; je méprisois, tu méprisois, il méprisoit.*

ARTICLE I.

Conjugaisons des Verbes.

D. *QU'EST-CE que conjuguer un verbe ?*

R. C'est le réciter avec toutes ses différences.

D. *Quels verbes faut-il d'abord conjuguer ?*

R. Les verbes *avoir* et *être*, que l'on appelle *verbes auxiliaires*, parce qu'ils servent à conjuguer les autres.

D. *Conjuguez-les, en y ajoutant, ainsi qu'aux autres, les mots qui pourront en faire mieux connoître l'emploi et la signification ?*

R. CONJUGAISON DU VERBE AUXILIAIRE

AVOIR.

INDICATIF.

PRÉSENT.

Singulier.	PRÉTÉRIT.
J'ai.	J'eus.
Tu as.	Tu eus.
Il *ou* elle a.	Il eut.
Pluriel.	Nous eûmes.
Nous avons.	Vous eûtes.
Vous avez.	Ils eurent.
Ils *ou* elles ont.	

IMPARFAIT.

	PRÉTÉRIT INDÉFINI,
J'avois.	J'ai eu.
Tu avois.	Tu as eu.
Il avoit.	Il a eu.
Nous avions.	Nous avons eu.
Vous aviez.	Vous avez eu.
Ils avoient.	Ils ont eu.

C 2

PRÉTÉRIT ANTÉRIEUR.

Quand J'eus eu.

Tu eus eu.
Il ent eu.
Nous eûmes eu.
Vous eûtes eu.
Ils eurent eu.

PLUSQUE-PARFAIT.

J'avois eu.
Tu avois eu.
Il avoit eu.
Nous avions eu.
Vous aviez eu.
Ils avoient eu.

FUTUR.

J'aurai.
Tu auras.
Il aura.
Nous aurons.
Vous aurez.
Ils auront.

FUTUR PASSÉ.

Quand J'aurai eu.

Tu auras eu.
Il aura eu.
Nous aurons eu.
Vous aurez eu.
Ils auront eu.

CONDITIONNEL PRÉSENT.

J'aurois.
Tu aurois.
Il auroit.
Nous aurions.
Vous auriez.
Ils auroient.

CONDITIONNEL PASSÉ.

J'aurois *ou* j'eusse eu.
Tu aurois *ou* tu eusses eu.
Il auroit *ou* il eût eu.
Nous aurions *ou* nous eus-
    sions eu.
Vous auriez *ou* vous eussiez
    eu.
Ils auroient *ou* ils eussent eu.

IMPÉRATIF.

PRÉSENT *ou* FUTUR.

Aie.
Qu'il ait.
Ayons.
Ayez.
Qu'ils aient.

SUBJONCTIF
ou
CONJONCTIF.

PRÉSENT *ou* FUTUR.

Il faut Que j'aie.

Que tu aies.
Qu'il ait.
Que nous ayions.
Que vous ayiez.
Qu'ils aient.

IMPARFAIT.

Il falloit Que j'eusse.

Que tu eusses.
Qu'il eût.
Que nous eussions.
Que vous eussiez.
Qu'ils eussent.

PRÉTÉRIT.

Il a fallu Que j'aie eu.

Que tu aies eu.
Qu'il ait eu.
Que nous ayions eu.
Que vous ayiez eu.
Qu'ils aient eu.

PLUSQUE-PARFAIT.

Il auroit fallu Que j'eusse eu.

Que tu eusses eu.
Qu'il eût eu.
Que nous eussions eu.
Que vous eussiez eu.
Qu'ils eussent eu.

INFINITIF.

PRÉSENT.

Avoir.

PRÉTÉRIT.

Avoir eu.

PARTICIPE ACTIF.

PRÉSENT.

Ayant.

PRÉTÉRIT.

Ayant eu.

PARTICIPE PASSIF.

PRÉSENT.

Eu , eue.

GÉRONDIF.

Ayant.

CONJUGAISON DU VERBE AUXILIAIRE

ÊTRE.

INDICATIF.

PRÉSENT.

Je suis.
Tu es.
Il *ou* elle est.
Nous sommes.
Vous êtes.
Ils *ou* elles sont.

IMPARFAIT.

J'étois.
Tu étois.
Il étoit.
Nous étions.
Vous étiez.
Ils étoient.

PRÉTÉRIT.

Je fus.
Tu fus.
Il fut.
Nous fûmes.
Vous fûtes.
Ils furent.

PRÉTÉRIT INDÉFINI.

J'ai été.
Tu as été.

Il a été.
Nous avons été.
Vous avez été.
Ils ont été.

PRÉTÉRIT ANTÉRIEUR.

Quand J'eus été.
Tu eus été.
Il eut été.
Nous eûmes été.
Vous eûtes été.
Ils eurent été.

PLUSQUE-PARFAIT.

J'avois été.
Tu avois été.
Il avoit été.
Nous avions été.
Vous aviez été.
Ils avoient été.

FUTUR.

Je serai.
Tu seras.
Il sera.
Nous serons.
Vous serez.
Ils seront.

C 3

FUTUR PASSÉ.

Quand J'aurai été.
 Tu auras été.
 Il aura été.
 Nous aurons été.
 Vous aurez été.
 Ils auront été.

CONDITIONNEL PRESENT.

Je serois.
Tu serois.
Il seroit.
Nous serions.
Vous seriez.
Ils seroient.

CONDITIONNEL PASSÉ.

J'aurois *ou* j'eusse été.
Tu aurois *ou* tu eusses été.
Il auroit *ou* il eût été.
Nous aurions *ou* nous eussions été.
Vous auriez *ou* vous eussiez été.
Ils auroient *ou* ils eussent été.

IMPÉRATIF.

PRESENT *ou* FUTUR.

Sois.
Qu'il soit.
Soyons.
Soyez.
Qu'ils soient.

SUBJONCTIF
ou
CONJONCTIF.

PRESENT *ou* FUTUR.

Il faut Que je sois.
 Que tu sois.
 Qu'il soit.
 Que nous soyons.
 Que vous soyez.
 Qu'ils soient.

IMPARFAIT.

Il falloit Que je fusse.
 Que tu fusses.
 Qu'il fût.
 Que nous fussions.
 Que vous fussiez.
 Qu'ils fussent.

PRETERIT.

Il a fallu Que j'aie été.
 Que tu aies été.
 Qu'il ait été.
 Que nous ayions été.
 Que vous ayiez été.
 Qu'ils aient été.

PLUSQUE-PARFAIT.

Il auroit fallu Que j'eusse été.
 Que tu eusses été.
 Qu'il eût été.
 Que nous eussions été.
 Que vous eussiez été.
 Qu'ils eussent été.

INFINITIF.

PRESENT.

Être.

PRETERIT.

Avoir été.

PARTICIPE ACTIF.

PRESENT.

Étant.

PRETERIT.

Ayant été.

PARTICIPE PASSIF.

PRESENT.

Été.

GERONDIF.

Étant.

D. *Combien y a-t-il de conjugaisons?*

R. Il y en a quatre.

La première comprend les verbes dont l'infinitif est terminé en *er*, comme *aimer*.

La seconde comprend les verbes dont l'infinitif est terminé en *ir*, comme *finir*.

La troisième comprend les verbes dont l'infinitif est terminé en *oir*, comme *recevoir*.

La quatrième comprend les verbes dont l'infinitif est terminé en *re*, comme *rendre*.

D. *Conjuguez les verbes des quatre conjugaisons.*

R. (*) PREMIERE CONJUGAISON.

INDICATIF.

PRÉSENT.

J'aim*e*.
Tu aim*es*.
Il aim*e*.
Nous aim*ons*.
Vous aim*ez*.
Ils aim*ent*.

IMPARFAIT.

J'aim*ois*.
Tu aim*ois*.
Il aim*oit*.
Nous aim*ions*.
Vous aim*iez*.
Ils aim*oient*.

PRETERIT.

J'aim*ai*.
Tu aim*as*.
Il aim*a*.
Nous aim*âmes*.
Vous aim*âtes*.
Ils aim*èrent*.

PRETERIT INDEFINI.

J'ai aimé.
Tu as aimé.
Il a aimé.
Nous avons aimé.
Vous avez aimé.
Ils ont aimé.

PRETERIT ANTERIEUR.

Quand J'eus aimé.
Tu eus aimé.
Il eut aimé.
Nous eûmes aimé.
Vous eûtes aimé.
Ils eurent aimé.

PRETERIT ANTERIEUR INDÉFINI.

Quand J'ai eu aimé.
Tu as eu aimé.
Il a eu aimé.
Nous avons eu aimé.
Vous avez eu aimé.
Ils ont eu aimé.

(*) *On a imprimé en caractère italique les terminaisons communes aux verbes des quatre conjugaisons.*

PLUSQUE-PARFAIT.

J'avois aimé.
Tu avois aimé.
Il avoit aimé.
Nous avions aimé.
Vous aviez aimé.
Ils avoient aimé.

FUTUR.

J'aimer*ai*.
Tu aimer*as*.
Il aimer*a*.
Nous aimer*ons*.
Vous aimer*ez*.
Ils aimer*ont*.

FUTUR PASSÉ.

Quand J'aurai aimé.
    Tu auras aimé.
    Il aura aimé.
    Nous aurons aimé.
    Vous aurez aimé.
    Ils auront aimé.

CONDITIONNEL PRESENT.

J'aimer*ois*.
Tu aimer*ois*.
Il aimer*oit*.
Nous aimer*ions*.
Vous aimer*iez*.
Ils aimer*oient*.

CONDITIONNEL PASSÉ.

J'aurois *ou* j'eusse aimé.
Tu aurois *ou* tu eusses aimé.
Il auroit *ou* il eût aimé.
Nous aurions *ou* nous eus-
    sions aimé.
Vous auriez *ou* vous eussiez
    aimé.
Ils auroient *ou* ils eussent
    aimé.

IMPÉRATIF.

PRESENT *ou* FUTUR.

Aime.
Qu'il aim*e*.
Aim*ons*.
Aim*ez*.
Qu'ils aim*ent*.

SUBJONCTIF
ou
CONJONCTIF.

PRESENT *ou* FUTUR.

Il faut Que j'aime.
    Que tu aim*es*.
    Qu'il aime.
    Que nous aim*ions*.
    Que vous aim*iez*.
    Qu'ils aim*ent*.

IMPARFAIT.

Il falloit Que j'aim*asse*.
    Que tu aim*asses*.
    Qu'il aim*ât*.
    Que nous aim*assions*.
    Que vous aim*assiez*.
    Qu'ils aim*assent*.

PRETERIT.

Il a fallu Que j'aie aimé.
    Que tu aies aimé.
    Qu'il ait aimé.
    Que nous ayions aimé.
    Que vous ayiez aimé.
    Qu'ils aient aimé.

PLUSQUE-PARFAIT.

Il auroit fallu Que j'eusse
    aimé.
    Que tu eusses aimé.
    Qu'il eût aimé.
    Que nous eussions aimé.
    Que vous eussiez aimé.
    Qu'ils eussent aimé.

INFINITIF.	PARTICIPE PASSIF.

INFINITIF.

PRESENT.

Aimer.

PRETERIT.

Avoir aimé.

PARTICIPE ACTIF.

PRESENT.

Aimant.

PRETERIT.

Ayant aimé.

PARTICIPE PASSIF.

PRESENT.

Aimé ; aimée, *ou* étant aimé, aimée.

PRETERIT.

Ayant été aimé *ou* aimée.

GÉRONDIF.

En aimant *ou* aimant.

SECONDE CONJUGAISON.

INDICATIF.

PRESENT.

Je finis.
Tu finis.
Il finit.
Nous finissons.
Vous finissez.
Ils finissent.

IMPARFAIT.

Je finissois.
Tu finissois.
Il finissoit.
Nous finissions.
Vous finissiez.
Ils finissoient.

PRETERIT.

Je finis.
Tu finis.
Il finit.
Nous finîmes.
Vous finîtes.
Ils finirent.

PRETERIT INDEFINI.

J'ai fini.
Tu as fini.
Il a fini.

Nous avons fini.
Vous avez fini.
Ils ont fini.

PRETERIT ANTERIEUR.

Quand J'eus fini.
Tu eus fini.
Il eut fini.
Nous eûmes fini.
Vous eûtes fini.
Ils eurent fini.

PRETERIT ANTERIEUR

INDEFINI.

Quand J'ai eu fini.
Tu as eu fini.
Il a eu fini.
Nous avons eu fini.
Vous avez eu fini.
Ils ont eu fini.

PLUSQUE-PARFAIT.

J'avois fini.
Tu avois fini.
Il avoit fini.
Nous avions fini.
Vous aviez fini.
Ils avoient fini.

FUTUR.

Je finirai.
Tu finiras.
Il finira.
Nous finirons.
Vous finirez.
Ils finiront.

FUTUR PASSÉ.

Quand J'aurai fini.
Tu auras fini.
Il aura fini.
Nous aurons fini.
Vous aurez fini.
Ils auront fini.

CONDITIONNEL PRESENT.

Je finirois.
Tu finirois.
Il finiroit.
Nous finirions.
Vous finiriez.
Ils finiroient.

CONDITIONNEL PASSÉ.

J'aurois *ou* j'eusse fini.
Tu aurois *ou* tu eusses fini.
Il auroit *ou* il eût fini.
Nous aurions *ou* nous eussions fini.
Vous auriez *ou* vous eussiez fini.
Ils auroient *ou* ils eussent fini.

IMPÉRATIF.

PRÉSENT *ou* FUTUR.

Finis.
Qu'il finisse.
Finissons.
Finissez.
Qu'ils finissent.

SUBJONCTIF
ou
CONJONCTIF.

PRESENT *ou* FUTUR.

Il faut Que je finisse.
Que tu finisses.
Qu'il finisse.
Que nous finissions.
Que vous finissiez.
Qu'ils finissent.

IMPARFAIT.

Il falloit Que je finisse.
Que tu finisses.
Qu'il finît.
Que nous finissions.
Que vous finissiez.
Qu'ils finissent.

PRETERIT.

Il a fallu Que j'aie fini.
Que tu aies fini.
Qu'il ait fini.
Que nous ayions fini.
Que vous ayiez fini.
Qu'ils aient fini.

PLUSQUE-PARFAIT.

Il aur. fallu Que j'eusse fini.
Que tu eusses fini.
Qu'il eût fini.
Que nous eussions fini.
Que vous eussiez fini.
Qu'ils eussent fini.

INFINITIF.

PRESENT.

Finir.

PRETERIT.

Avoir fini.

PARTICIPE ACTIF.

PRESENT.

Finissant.

PRETERIT.
Ayant fini.
PARTICIPE PASSIF.
PRESENT.
Fini, finie, *ou* étant fini,
finie.

PRETERIT.
Ayant été fini, *ou* finie.
GÉRONDIF.
En finissant, *ou* finissant.

TROISIEME CONJUGAISON.

INDICATIF.
PRESENT.

Je reçois.
Tu reçois.
Il reçoit.
Nous recevons.
Vous recevez.
Ils reçoivent.

IMPARFAIT.

Je recevois.
Tu recevois.
Il recevoit.
Nous recevions.
Vous receviez.
Ils recevoient.

PRETERIT.

Je reçus.
Tu reçus.
Il reçut.
Nous reçûmes.
Vous reçûtes.
Ils reçurent.

PRETERIT INDEFINI.

J'ai reçu.
Tu as reçu.
Il a reçu.
Nous avons reçu.
Vous avez reçu.
Ils ont reçu.

PRETERIT ANTERIEUR.

Quand J'eus reçu.
Tu eus reçu.
Il eut reçu.
Nous eûmes reçu.
Vous eûtes reçu.
Ils eurent reçu.

PRETERIT ANTERIEUR INDEFINI.

Quand J'ai eu reçu.
Tu as eu reçu.
Il a eu reçu.
Nous avons eu reçu.
Vous avez eu reçu.
Ils ont eu reçu.

PLUSQUE-PARFAIT.

J'avois reçu.
Tu avois reçu.
Il avoit reçu.
Nous avions reçu.
Vous aviez reçu.
Ils avoient reçu.

FUTUR.

Je recevrai.
Tu recevras.
Il recevra.
Nous recevrons.
Vous recevrez.
Ils recevront.

FUTUR PASSÉ.

Quand J'aurai reçu.
   Tu auras reçu.
   Il aura reçu.
   Nous aurons reçu.
   Vous aurez reçu.
   Ils auront reçu.

CONDITIONNEL PRESENT.

Je recevrois.
Tu recevrois.
Il recevroit.
Nous recevrions.
Vous recevriez.
Ils recevroient.

CONDITIONNEL PASSÉ.

J'aurois *ou* j'eusse reçu.
Tu aurois *ou* tu eusses reçu.
Il auroit *ou* il eût reçu.
Nous aurions *ou* nous eussions reçu.
Vous auriez *ou* vous eussiez reçu.
Ils auroient *ou* ils eussent reçu.

IMPÉRATIF.
PRESENT *ou* FUTUR.

Reçois.
Qu'il reçoive.
Recevons.
Recevez.
Qu'ils recoivent.

SUBJONCTIF
ou
CONJONCTIF.
PRESENT *ou* FUTUR.

Il faut Que je reçoive.
   Que tu reçoives.
   Qu'il reçoive.
   Que nous recevions.
   Que vous receviez.
   Qu'ils reçoivent.

IMPARFAIT.

Il falloit Que je reçusse.
   Que tu reçusses.
   Qu'il reçût.
   Que nous reçussions.
   Que vous reçussiez.
   Qu'ils reçussent.

PRETERIT.

Il a fallu Que j'aie reçu.
   Que tu aies reçu.
   Qu'il ait reçu.
   Que nous ayions reçu.
   Que vous ayiez reçu.
   Qu'ils aient reçu.

PLUSQUE-PARFAIT.

Il aur. fal. Que j'eusse reçu.
   Que tu eusses reçu.
   Qu'il eût reçu.
   Que nous eussions reçu.
   Que vous eussiez reçu.
   Qu'ils eussent reçu.

INFINITIF.
PRESENT.

Recevoir.
PRETERIT.

Avoir reçu.

PARTICIPE ACTIF.
PRESENT.

Recevant.
PRETERIT.

Ayant reçu.

PARTICIPE PASSIF.
PRESENT.

Reçue, reçue, *ou* étant reçu, reçue.
PRETERIT.

Ayant été reçu *ou* reçue.

GÉRONDIF.

En recevant *ou* recevant.

QUATRIEME CONJUGAISON.

INDICATIF.

PRESENT.

Je rends.
Tu rends.
Il rend.
Nous rendons.
Vous rendez.
Ils rendent.

IMPARFAIT.

Je rendois.
Tu rendois.
Il rendoit.
Nous rendions.
Vous rendiez.
Ils rendoient.

PRETERIT.

Je rendis.
Tu rendis.
Il rendit.
Nous rendîmes.
Vous rendîtes.
Ils rendirent.

PRETERIT INDEFINI.

J'ai rendu.
Tu as rendu.
Il a rendu.
Nous avons rendu.
Vous avez rendu.
Ils ont rendu.

PRETERIT ANTERIEUR.

Quand J'eus rendu.
Tu eus rendu.
Il eut rendu.
Nous eûmes rendu.
Vous eûtes rendu.
Ils eurent rendu.

PRETERIT ANTERIEUR INDEFINI.

Quand J'ai eu rendu.
Tu as eu rendu.
Il a eu rendu.
Nous avons eu rendu.
Vous avez eu rendu.
Ils ont eu rendu.

PLUSQUE-PARFAIT.

J'avois rendu.
Tu avois rendu.
Il avoit rendu.
Nous avions rendu.
Vous aviez rendu.
Ils avoient rendu.

FUTUR.

Je rendrai.
Tu rendras.
Il rendra.
Nous rendrons.
Vous rendrez.
Ils rendront.

FUTUR PASSÉ.

Quand J'aurai rendu.
Tu auras rendu.
Il aura rendu.
Nous aurons rendu.
Vous aurez rendu.
Ils auront rendu.

CONDITIONNEL PRESENT.

Je rendrois.
Tu rendrois.
Il rendroit.
Nous rendrions.
Vous rendriez.
Ils rendroient.

CONDITIONNEL PASSÉ.

J'aurois *ou* j'eusse rendu.
Tu aurois *ou* tu eusses rendu.
Il auroit *ou* il eût rendu.
Nous aurions *ou* nous eussions rendu.
Vous auriez *ou* vous eussiez rendu.
Ils auroient *ou* ils eussent rendu.

IMPÉRATIF.

PRESENT *ou* FUTUR.

Rends.
Qu'il rende.
Rendons.
Rendez.
Qu'ils rendent.

SUBJONCTIF

ou

CONJONCTIF.

PRESENT *ou* FUTUR.

Il faut Que je rende.
Que tu rendes.
Qu'il rende.
Que nous rendions.
Que vous rendiez.
Qu'ils rendent.

IMPARFAIT.

Il falloit Que je rendisse.
Que tu rendisses.
Qu'il rendît.
Que nous rendissions.
Que vous rendissiez.
Qu'ils rendissent.

PRETERIT.

Il a fallu Que j'aie rendu.
Que tu aies rendu.
Qu'il ait rendu.
Que nous ayions rendu.
Que vous ayiez rendu.
Qu'ils aient rendu.

PLUSQUE-PARFAIT.

Il auroit fallu Que j'eusse rendu.
Que tu eusses rendu.
Qu'il eût rendu.
Que nous eussions rendu.
Que vous eussiez rendu.
Qu'ils eussent rendu.

INFINITIF.

PRESENT.

Rendre.

PRETERIT.

Avoir rendu.

PARTICIPE ACTIF.

PRESENT.

Rendant.

PRETERIT.

Ayant rendu.

PARTICIPE PASSIF.

PRESENT.

Rendu , rendue , *ou* étant rendu , rendue.

PRETERIT.

Ayant été rendu *ou* rendue.

GÉRONDIF.

En rendant ou rendant.

ARTICLE II.

Des Propriétés des Verbes.

D. *Que remarque-t-on dans les verbes?*

R. On remarque quatre choses, savoir: les nombres, les personnes, les temps et les modes.

Des Nombres.

D. *Qu'entendez-vous par les nombres dans les verbes?*

R. J'entends, comme dans les noms, le singulier et le pluriel. Ainsi, un verbe est au singulier, quand ce que l'on affirme se rapporte à une seule chose; et il est au pluriel, quand ce que l'on affirme se rapporte à plusieurs choses.

Des Personnes.

D. *Qu'est-ce que les personnes dans les verbes?*

R. Ce sont, comme dans les pronoms personnels, la première, la seconde et la troisième.

D. *De quoi se sert-on pour distinguer les personnes des verbes?*

R. On se sert ordinairement des pronoms personnels du singulier, pour marquer les personnes du singulier; et des pronoms personnels du pluriel, pour marquer les personnes du pluriel.

D. *Quels sont ces pronoms, et quel en est l'usage dans les verbes ?*

R. *Je*, pour les deux genres, marque la première personne du singulier, *je reçois.*

Tu, pour les deux genres, marque la seconde personne du singulier, *tu reçois.*

Il, pour le masculin, ou *elle* pour le féminin, marque la troisième personne du singulier, *il reçoit*, ou *elle reçoit.*

Nous, pour les deux genres, marque la première personne du pluriel, *nous recevons.*

Vous, pour les deux genres, marque la seconde personne du pluriel, *vous recevez.*

Ils, pour le masculin, ou *elles* pour le féminin, marque la troisième personne du pluriel, *ils reçoivent*, ou *elles reçoivent.*

D. *Ces pronoms personnels se mettent-ils toujours avant les personnes des verbes ?*

R. *Je* et *nous*, *tu* et *vous* se mettent toujours avant les premières et secondes personnes des verbes, excepté à l'impératif; mais *il* et *ils*, *elle* et *elles*, ne se mettent avant les troisièmes personnes, que quand les noms dont ils tiennent la place, ne sont pas exprimés.

D. *Donnez-en des exemples.*

R. Il faut toujours dire, *je lis*, *tu lis*, *nous lisons*, *vous lisez;* mais on dit à l'impératif, *lis*, *lisons*, *lisez;* et on ne doit dire, *il lit* ou *elle lit*, *ils lisent* ou *elles lisent*, que quand on ne nomme pas les personnes qui lisent; car en les nommant il faudroit dire, sans pronoms personnels, *mon frère lit*, *ma sœur lit*, ou *mes frères lisent*, *mes sœurs lisent.*

D. *Se sert-on toujours de* tu *pour marquer une seconde personne du singulier?*

R. On ne s'en sert qu'en parlant à des personnes que l'on tutoie par mépris ou par familiarité; mais à l'égard de toute autre personne, il faut se servir de *vous*. Ainsi *vous lisez*, sera une seconde personne du singulier, si on ne parle qu'à une seule personne; et ce sera une seconde personne du pluriel, si on parle à plusieurs personnes.

Des Temps.

D. *Qu'est-ce que les temps des verbes?*

R. Ce sont les différentes terminaisons qui font connoître à quels temps il faut rapporter ce que l'on affirme de quelque chose.

D. *Combien y a-t-il de temps?*

R. Il n'y en a proprement que trois, qui sont *le présent, le passé,* et *l'avenir,* que l'on appelle *les trois temps naturels,* et auxquels se rapportent tous les autres.

D. *Quels sont dans les verbes les temps qui représentent les trois temps naturels?*

R. Ce sont ceux que nous avons nommés dans la conjugaison : *présent, prétérit indéfini,* et *futur.*

D. *Quels sont ceux qui se rapportent à chacun de ces trois temps?*

R. 1. *Le conditionnel présent,* se rapporte au *présent.*

2. *L'imparfait, le prétérit, le prétérit antérieur, le prétérit antérieur indéfini, le plusque-parfait* et *le conditionnel passé,* se rapportent au *prétérit indéfini.*

3. *Le futur passé* se rapporte au *futur.*

D. *Qu'est-ce que marque le présent ?*

R. Le présent marque qu'une chose est ou se fait au temps où l'on parle ; comme quand on dit : Nous lisons *l'Ecriture-Sainte*, c'est-à-dire, *nous lisons présentement l'Ecriture-Sainte.*

D. *Qu'est-ce que marque le conditionnel présent ?*

R. Le conditionnel présent marque qu'une chose seroit présentement, moyennant certaines conditions ; comme quand on dit : Nous serions *heureux si Adam n'eût pas péché.*

D. *Qu'est-ce que marque le prétérit indéfini ?*

R. Le prétérit indéfini marque une chose passée dans un temps qui dure encore ; comme quand on dit : J'ai eu *la fièvre cette année, ce printemps, ce mois-ci, cette semaine, aujourd'hui.*

D. *Qu'est-ce que marque l'imparfait ?*

R. L'imparfait marque qu'une chose se faisoit en même temps qu'une autre dans un temps passé, comme quand on dit : J'étois *à table lorsque vous arrivâtes.*

D. *Qu'est-ce que marque le prétérit ?*

R. Le prétérit simple, que l'on appelle encore *prétérit indéfini*, marque une chose passée dans un temps dont il ne reste plus rien ; comme quand on dit : Je fus *malade l'année dernière.* Je rendis *mes comptes l'année passée.* Je reçus *votre lettre hier.*

D. *Qu'est-ce que marque le prétérit antérieur ?*

R. Le prétérit antérieur simple marque une chose passée avant une autre, dans un temps dont il ne reste plus rien ; comme dans cet exemple : *Quand* j'eus reçu *mon argent, je m'en allai ;* et le prétérit antérieur indéfini marque une chose passée avant une autre, dans un temps qui dure encore : *Quand* J'AI EU REÇU *mon argent, je m'en suis allé.*

D. *Quand doit-on se servir du prétérit et du prétérit antérieur simple?*

R. On ne doit s'en servir que quand le temps où la chose s'est passée est éloigné de plus d'un jour de celui où l'on est, qu'il n'en reste plus rien, et que l'on n'y est plus renfermé. Ainsi , il seroit mal de dire : *Nous vîmes de grands événements dans ce siècle , dans cette année, dans ce mois, dans cette semaine, aujourd'hui.* Il faudroit dire alors , *nous* AVONS VU *de grands événements ,* etc.

D. *Qu'est-ce que marque le plusque-parfait ?*

R. Le plusque-parfait marque qu'une chose étoit passée à l'égard d'une autre chose qui est aussi passée ; comme quand on dit : J'AVOIS ÉTÉ *malade lorsque vous m'écrivîtes.*

D. *Qu'est-ce que marque le conditionnel passé?*

R. Le conditionnel passé marque qu'une chose seroit arrivée dans un temps passé, moyennant certaines conditions ; comme quand on dit : *J'aurois appris ou j'eusse appris la Géographie , si vous eussiez voulu.*

D. *Qu'est-ce que marque le futur?*

R. Le futur marque qu'une chose arrivera dans un temps qui n'est pas encore; comme quand on dit : J'AURAI *de l'argent. Nos corps* RESSUSCITERONT *au dernier jour.*

D. *Qu'est-ce que marque le futur passé?*

R. Le futur passé marque qu'une chose qui n'est pas encore, sera passée quand une autre

chose arrivera ; comme, dans cet exemple :
Quand J'aurai fini *mes affaires , je vous
irai voir*, ou J'aurai fini *mes affaires quand
je vous irai voir.*

Des Modes.

D. *Qu'est-ce que les modes ?*

R. Ce sont les différentes manières d'affir-
mer ou de signifier dans les verbes.

D. *Combien y a-t-il de modes ?*

R. Il y en a quatre, qui sont :
L'indicatif.
L'impératif.
Le subjonctif ou conjonctif.
L'infinitif.

D. *Qu'est-ce que l'indicatif ?*

R. C'est une manière d'exprimer directement et positivement les divers temps des
verbes, sans qu'ils dépendent nécessairement
des mots qui peuvent être auparavant.

D. *Donnez-en quelques exemples.*

R. Quand je dis : J'aime *la vertu* ; *Vous*
m'avez rendu *service* ; *Nous* finirons *votre
affaire* ; les temps *j'aime, vous m'avez rendu,
nous finirons*, ne supposent aucun mot précé-
dent dont ils dépendent.

D. *Qu'est-ce que l'impératif ?*

R. C'est une manière de signifier dans les
verbes l'action de commander, de prier ou
d'exhorter, et de défendre.

D. *Apportez-en quelques exemples.*

R. Quand je dis : Rendez *témoignage à la
vérité* : Craignez *Dieu plus que les hommes ;*
c'est comme si je disois, *je vous commande ,
je vous prie, je vous exhorte de rendre témoignage*

à la vérité, de craindre Dieu plus que les hommes; et quand je dis : Ne rougissez pas *de pratiquer les maximes de l'Evangile,* c'est comme si je disois, *je vous défends de rougir de pratiquer les maximes de l'Evangile.*

D. Pourquoi l'impératif n'a-t-il pas de première personne ?

R. Parce qu'ordinairement on ne se commande pas à soi-même.

D. Pourquoi le temps de l'impératif est-il appelé présent *ou* futur ?

R. Parce qu'on commande dans un temps présent pour un temps à venir.

D. Qu'est-ce que le subjonctif ou conjonctif ?

R. C'est une manière d'exprimer indirectement les divers temps des verbes, avec une dépendance nécessaire de quelques mots précédens.

D. Donnez-en des exemples.

R. Dans ces phrases : *Il faut que* je fasse *un discours ; Je souhaiterois que vous* vinssiez ; les temps *je fasse, vous vinssiez,* supposent nécessairement quelques mots qui les précèdent et dont ils dépendent ; tels que sont ici, *il faut que, je souhaiterois que.*

D. Pourquoi avez-vous appelé le premier temps du subjonctif présent *ou* futur ?

R. Parce qu'il s'emploie aussi souvent dans le sens de l'un que dans le sens de l'autre. Il est au présent dans cette phrase : *Croyez-vous qu'il* soit *en chemin ?* c'est-à-dire, *Croyez-vous qu'il* est *en chemin ?* Il est au futur dans celle-ci : *Je ne crois pas qu'il* vienne *demain ;* c'est-à-dire, *je ne crois pas qu'il* viendra *demain.*

D. *Comment peut-on connoître de quel temps du subjonctif on doit se servir ?*

R. La règle générale est, que quand le verbe qui doit être au subjonctif est précédé d'un autre verbe au présent ou au futur, il faut le mettre au présent du subjonctif ; et que quand le verbe qui le précède est à un des temps passés ou conditionnels, il faut le mettre, tantôt à l'imparfait, tantôt au prétérit, et tantôt au plusque - parfait du subjonctif, mais jamais au présent.

D. *Appliquez cette règle à quelques exemples.*

R. *J'attends qu'il* REVIENNE. *Il faudra que je* PRENNE *mon parti. Il vouloit que je l'*ACCOMPAGNASSE, *et* non *il vouloit que je l'*ACCOMPAGNE. *Je souhaiterois que vous* FUSSIEZ *plus modeste. Dieu a permis que le Démon* AIT SÉDUIT *Eve. Nous aurions craint que vous* N'EUSSIEZ *pas réussi.*

D. *Qu'est-ce que l'infinitif ?*

R. C'est dans le verbe une manière de signifier indéfiniment sans nombres ni personnes.

D. *Donnez - en des exemples.*

R. Quand je dis, *être, avoir, aimer, finir,* etc., je fais seulement entendre la signification de ces verbes d'une manière générale, sans y rien ajouter de plus.

ARTICLE III.

De la Formation des Temps.

D. COMMENT *divise-t-on les temps d'un verbe, en les considérant par l'expression ?*

R. On les divise en *temps simples*, et en *temps composés*.

D. *Qu'est-ce que l'on appelle* les temps simples *d'un verbe ?*

R. Les temps simples d'un verbe sont ceux qui s'expriment en un seul mot, ou accompagnés seulement des pronoms personnels.

D. *Combien y a-t-il de temps simples ?*

R. Il y en a onze ; savoir :

L'infinitif présent, comme *aimer*.

Le participe actif présent, comme *aimant*

Le participe passif présent, comme *aimé*.

Le présent de l'indicatif, comme *j'aime*.

L'imparfait de l'indicatif, comme *j'aimois*.

Le prétérit de l'indicatif, comme *j'aimai*.

Le futur de l'indicatif, comme *j'aimerai*.

Le conditionnel présent, comme *j'aimerois*.

L'impératif, comme *aime*.

Le présent du subjonctif, comme *que j'aime*.

L'imparfait du subjonctif, comme *que j'aimasse*.

D. *Qu'est-ce qu'on appelle* les temps composés *d'un verbe ?*

R. Les temps composés d'un verbe, sont ceux qui se conjuguent toujours avec quelques temps simples du verbe auxiliaire *avoir* ou *être*.

D. *Combien y a-t-il de temps composés ?*

R. Il y en a dix ; savoir :

Le prétérit indéfini, comme *j'ai aimé*, *je suis tombé.*

Le prétérit antérieur, comme *j'eus aimé*, *je fus tombé.*

Le prétérit antérieur indéfini, comme *j'ai eu aimé*, *j'ai été tombé.*

Le plusque-parfait de l'indicatif, comme *j'avois aimé*, *j'étois tombé.*

Le futur passé, comme *j'aurai aimé*, *je serai tombé.*

Le conditionnel passé, comme *j'aurois* ou *j'eusse*, *je serois* ou *je fusse tombé.*

Le prétérit du conjonctif, comme *que j'aie aimé*, *que tu sois tombé.*

Le plusque-parfait du subjonctif, comme *que j'eusse aimé*, *que je fusse tombé.*

Le prétérit de l'indéfini, comme *avoir aimé*, *être tombé.*

Le prétérit du participe actif, comme *ayant aimé*, *étant tombé.*

Le prétérit du participe passif, comme *ayant été aimé.*

D. *Quels sont les temps les plus difficiles à former ?*

R. Ce sont les temps simples.

D. *Parmi ces temps simples, comment appelle-t-on ceux d'où se forment tous les autres ?*

R. On les appelle temps primitifs.

D. *Combien y en a-t-il ?*

R. Cinq, qui sont :

1.º L'infinitif présent.

2.º Le participe actif présent.

3.º Le participe passif présent.

4.º Le

4.º. Le présent de l'indicatif.

5.º Le prétérit de l'indicatif.

D. *Quels temps forme-t-on de l'infinitif présent ?*

R. On en forme le futur de l'indicatif, en mettant *ai* après l'*r* de la dernière syllabe : *Aimer, j'aimer*ai. *Punir, je punir*ai. *Prendre, je prendr*ai.

Les verbes qui ont l'infinitif en *enir* et en *oir*, changent au futur, *enir* en *iendrai*, et *oir* en *rai*. *Venir, je viendr*ai. *Recevoir, je recevr*ai.

D. *D'où se forme le conditionnel présent?*

R. Il se forme dans tous les verbes, du futur de l'indicatif, en changeant *ai* en *ois :* *Je chanterai, je chanter*ois. *Je dormirai, je dormir*ois. *Je rendrai, je rendr*ois. *Je voudrai, je voudr*ois, *etc.*

D. *Quels temps forme-t-on du participe actif présent ?*

R. On en forme,

1.º L'imparfait de l'indicatif, en changeant *ant* en *ois :* *Porter, portant, je port*ois. *Lire, lisant, je lis*ois. *Finir, finissant, je finiss*ois, *etc.*

2.º Le présent du subjonctif, en changeant *ant* en *e* muet : *Chanter, chantant, que je chante. Dire, disant, que je dise. Écrire, écrivant, que j'écrive,* etc.

Excepté les verbes qui ont l'infinitif en *enir* et en *evoir*, qui changent *enir* en *ienne*, et *evant* en *oive.* *Tenir, tenant, que je tienne. Concevoir, concevant, que je conçoive.*

3.º Les premières et secondes personnes du pluriel du présent de l'indicatif, en chan-

D

geant *ant* en *ons* et en *ez* : *Donner*, *donnant*, *nous donnons*, *vous donnez*. *Bâtir*, *bâtissant*, *nous bâtissons*, *vous bâtissez*. *Devoir*, *devant*, *nous devons*, *vous devez*. *Ecrire*, *écrivant*, *nous écrivons*, *vous écrivez*.

4.° Les premières et secondes personnes du pluriel du présent du subjonctif, en changeant *ant* en *ions* et en *iez* : *Répondre*, *répondant*, *que nous répondions*, *que vous répondiez*. *Envoyer*, *envoyant*, *que nous envoyions*, *que vous envoyiez*. *Avoir*, *ayant*, *que nous ayions*, *que vous ayiez*.

D. *Quels temps forme-t-on du participe passif ?*

R. On en forme tous les temps composés, en y ajoutant les temps simples du verbe auxiliaire *avoir* ou *être*. Ainsi, du participe passif *aimé*, on fait, *j'ai aimé*, *j'eus aimé*, *etc.*; et du participe passif *tombé*, on fait *je suis tombé*, *je fus tombé*.

D. *Quel temps forme-t-on du présent de l'indicatif ?*

R. On en forme l'impératif, en supprimant seulement le pronom personnel *je* : *J'aime*, *aime*. *Je finis*, *finis*. *Je reçois*, *reçois*. *Je rends*, *rends*.

Les deux troisièmes personnes de l'impératif sont semblables à celles du présent du subjonctif.

La première et la seconde personne du pluriel de l'impératif sont les mêmes que celles du présent de l'indicatif, dont on retranche les pronoms personnels *nous* et *vous*. *Nous finissons*, *finissons*, *vous finissez*, *finissez*.

D. *Quel temps forme-t-on du prétérit de l'indicatif ?*

R. On en forme l'imparfait du subjonctif, en changeant *ai* en *asse* pour les verbes de la première conjugaison : *Je donnai, que je donnasse* ; en y ajoutant *se* pour les verbes des trois autres conjugaisons : *Je reçus, que je reçusse. Je rendis, que je rendisse.*

D. *N'y a-t-il pas des exceptions à ces règles générales de formation de temps ?*

R. Oui : il y en a plusieurs que l'on trouvera dans le livre des Principes.

ARTICLE IV.

Des différentes sortes de Verbes.

D. COMBIEN *y a-t-il de sortes de Verbes ?*

R. Il n'y en a proprement que de deux sortes ; savoir : le verbe substantif, et les verbes adjectifs ; mais on peut regarder encore les verbes auxiliaires comme une troisième sorte de verbe.

Du Verbe substantif.

D. *Quel est le verbe qu'on appelle* substantif ?

R. C'est le verbe *être*, lorsqu'il est suivi d'un nom substantif, ou d'un nom adjectif qui se rapporte au sujet ou au nominatif du verbe, comme dans ces exemples : *Le soleil est* LUMINEUX *par lui-même. La lune et les autres planètes sont* DES CORPS *opaques.*

D. N'y a-t-il que le verbe être *qui soit* substantif ?

R. On peut regarder comme un verbe substantif, tout verbe qui est suivi d'un nom substantif ou adjectif qui se rapporte au nominatif du verbe. Ainsi, dans ces phrases : *La saison devient belle. La terre paroît immobile. Un assemblage d'étoiles s'appelle constellation ;* les verbes *devient, paroît,* et *s'appelle,* peuvent être regardés comme verbes substantifs, parce qu'ils sont suivis de noms qui se rapportent aux nominatifs, *saison, terre,* et *assemblage.*

D. Comment se connoissent les verbes, autres que le verbe être, *qui peuvent être regardés comme verbes substantifs ?*

R. Quand ils peuvent souffrir après eux un nom adjectif : comme *paroître sage, devenir savant, demeurer fidèle, tomber malade,* etc.

D. Le verbe être *est-il toujours substantif ?*

R. Il est encore quelquefois adjectif, quand il renferme l'attribut de l'existence ; comme quand on dit : *Je pense, donc je suis ;* c'est-à-dire, *je suis un être, une chose,* ou *je suis existant.*

Des Verbes adjectifs.

D. Combien y a-t-il de sortes de verbes adjectifs ?

R. Il y en a de cinq sortes ; savoir :
Le verbe actif.
Le verbe neutre.
Le verbe passif.
Les verbes réfléchis et réciproques.
Le verbe impersonnel.

D. *Qu'est-ce que le verbe actif ?*

R. Le verbe actif est un verbe qui exprime une action, et après lequel on peut toujours mettre ces mots, *quelqu'un* ou *quelque chose.* Ainsi, *porter*, *connoître*, sont des verbes actifs, parce qu'on peut dire, *porter quelque chose, connoître quelqu'un.*

D. *Qu'est-ce que le verbe neutre ?*

R. Le verbe neutre est un verbe qui exprime quelquefois une action, et souvent n'en exprime pas, mais après lequel on ne peut jamais mettre ces mots, *quelqu'un* ou *quelque chose.* Ainsi, *venir*, *dormir*, sont des verbes neutres, parce qu'on ne peut pas dire, *venir quelqu'un, venir quelque chose*, ni *dormir quelqu'un, dormir quelque chose.*

D. *Comment se conjuguent les verbes neutres?*

R. La plupart se conjuguent comme les verbes actifs, avec les temps simples du verbe auxiliaire *avoir*, dans leurs temps composés, comme *dormir*, *dîner*, *souper*, *etc.*

D'autres se conjuguent avec les temps simples du verbe auxiliaire *être*, dans les mêmes temps composés, comme *venir*, *arriver*, *tomber*, *etc.*

D. *Conjuguez un verbe neutre avec le verbe auxiliaire* être.

R.   **INDICATIF.**

PRESENT.	IMPARFAIT.
Je tombe.	Je tombois.
Tu tombes.	Tu tombois.
Il tombe.	Il tomboit.
Nous tombons.	Nous tombions.
Vous tombez.	Vous tombiez.
Ils tombent.	Ils tomboient.

D 3

PRETERIT.

Je tombai.
Tu tombas.
Il tomba.
Nous tombâmes.
Vous tombâtes.
Ils tombèrent.

PRÉTÉRIT INDÉFINI.

Je suis tombé. *ou* tombée.
Tu es tombé *ou* tombée.
Il est tombé *ou* elle est tombée.
Nous sommes tombés *ou* tombées.
Vous êtes tombés *ou* tombées.
Ils sont tombés *ou* elles sont tombées.

PRÉTÉRIT ANTÉRIEUR.

Quand Je fus tombé *ou* tombée.
Tu fus tombé *ou* tombée.
Il fut tombé *ou* elle fut tombée.
Nous fûmes tombés *ou* tombées.
Vous fûtes tombés *ou* tombées.
Ils furent tombés *ou* elles furent tombées.

PRÉTÉRIT ANTÉRIEUR INDÉFINI.

Quand J'ai été tombé *ou* tombée.
Tu as été tombé *ou* tombée.
Il a été tombé *ou* elle a été tombée.
Nous avons été tombés *ou* tombées.
Vous avez été tombés *ou* tombées.
Ils ont été tombés *ou* elles ont été tombées.

PLUSQUE-PARFAIT.

J'étois tombé *ou* tombée.
Tu étois tombée *ou* tombée.
Il étoit tombé *ou* elle étoit tombée.
Nous étions tombés *ou* tombées.
Vous étiez tombés *ou* tombées.
Ils étoient tombés *ou* elles étoient tombées.

FUTUR.

Je tomberai.
Tu tomberas.
Il tombera.
Nous tomberons.
Vous tomberez.
Ils tomberont.

FUTUR PASSÉ.

Quand Je serai tombé *ou* tombée.
Tu seras tombé *ou* tombée.
Il sera tombé *ou* elle sera tombée.
Nous serons tombées *ou* tombées.
Vous serez tombés *ou* tombées.
Ils seront tombés *ou* elles seront tombées.

CONDITIONNEL PRESENT.

Je tomberois.
Tu tomberois.
Il tomberoit.
Nous tomberions.
Vous tomberiez.
Ils tomberoient.

CONDITIONNEL PASSÉ.

Je serois *ou* je fusse tombé
    ou tombée.
Tu serois *ou* tu fusses tombé
    ou tombée.
Il seroit *ou* il fût tombé, *ou*
    elle seroit *ou* elle fût
    tombée.
Nous serions *ou* nous fussions
    tombés *ou* tombées.
Vous seriez *ou* vous fussiez
    tombés *ou* tombées.
Ils seroient *ou* ils fussent
    tombés, *ou* elles seroient
    ou elles fussent tombées.

IMPÉRATIF.

PRESENT *ou* FUTUR.

Tombe.
Qu'il tombe.
Tombons.
Tombez.
Qu'ils tombent.

SUBJONCTIF
ou
CONJONCTIF.

PRESENT *ou* FUTUR.

Il faut Que je tombes
    Que tu tombes.
    Qu'il tombe.
    Que nous tombions.
    Que vous tombiez.
    Qu'ils tombent.

IMPARFAIT.

Il falloit Que je tombasse.
    Que tu tombasses.
    Qu'il tombât.
    Que nous tombassions.
    Que vous tombassiez.
    Qu'ils tombassent.

PRETERIT.

Il a fallu Que je sois tombé
    ou tombée.
    Que tu sois tombé *ou*
    tombée.
    Qu'il soit tombé *ou*
    qu'elle soit tombée.
    Que nous soyions tom-
    bés *ou* tombées.
    Que vous soyiez tom-
    bés *ou* tombées.
    Qu'ils soient tombés *ou*
    qu'elles soient tom-
    bées.

PLUSQUE-PARFAIT.

Il auroit fallu Que je fusse
    tombé *ou* tombée.
    Que tu fusses tombé *ou*
    tombée.
    Qu'il fût tombé ou qu'elle
    fût tombée.
    Que nous fussions tom-
    bés *ou* tombées.
    Que vous fussiez tom-
    bés *ou* tombées.
    Qu'ils fussent tombés *ou*
    qu'elles fussent tombées.

INFINITIF.
PRESENT.

Tomber.

PRETERIT.
Être tombé *ou* tombée.

PARTICIPE ACTIF.
PRÉSENT.

Tombant.

PRETERIT.
Étant tombé *ou* tombée.

PARTICIPE PASSIF.
PRETERIT.
Tombé *ou* tombée.

GÉRONDIF.
En tombant *ou* tombant.

D. *Qu'est-ce que le régime du verbe ?*

R. C'est un nom ou un pronom qui se met ordinairement à la suite du verbe, et qui en dépend. Ainsi, dans ces phrases, *j'aime la vertu, je profite de l'exemple ; la vertu* et *de l'exemple* sont régimes des verbes *j'aime* et *je profite*, parce qu'ils sont à la suite de ces verbes, et qu'ils en dépendent.

D. *Ne donne-t-on pas un autre nom au régime des verbes ?*

R. On l'appelle encore *le cas du verbe.*

D. *Combien y a-t-il de sortes de régimes ?*

R. Il y en a de deux sortes ; *le régime direct* ou *absolu*, et *le régime indirect* ou *relatif.*

D. *Qu'est-ce que le régime* direct *ou* absolu ?

R. C'est celui qui s'exprime par un accusatif. Ainsi, dans *j'aime Dieu, j'étudie la Grammaire ; Dieu*, et *la Grammaire* sont régimes directs ou absolus des verbes *j'aime* et *j'étudie.*

D. *Qu'est-ce que le régime* indirect *ou* relatif ?

R. C'est celui qui s'exprime par le génitif, par le datif ou par l'ablatif. Ainsi, dans ces phrases : *Je me repens de ma faute, je réponds à votre lettre, je reviens de Rome ; de ma faute, à votre lettre*, et *de Rome*, sont régimes indirects ou relatifs des verbes *je me repens, je réponds*, et *je reviens.*

D. *A quels verbes conviennent ces mêmes régimes ?*

R. Le régime absolu ne peut convenir qu'au verbe actif.

Le régime relatif convient également au verbe actif, et à toutes les autres espèces de verbes.

D. *De quoi se sert-on en françois pour exprimer un verbe passif ?*

R. On se sert du verbe *être*, que l'on joint et que l'on conjugue dans tous ses temps avec le participe passif d'un verbe actif. Ainsi, dans ces phrases : *La vertu est estimée, l'argent a été reçu, les livres seront rendus ; est estimée, a été reçu, seront rendus*, sont des verbes passifs, parce que, *estimée, reçu* et *rendus* sont des participes passifs des verbes actifs *estimer, recevoir* et *rendre*, joints à quelques temps du verbe *être*.

D. *De quels verbes peut-on faire des verbes passifs ?*

R. Des seuls verbes actifs ; comme de *j'aime, je loue, je méprise*, on fait, *je suis aimé, je suis loué, je suis méprisé, etc.*

D. *Quel est le régime du verbe passif ?*

R. C'est toujours un ablatif, ou *par* avec un accusatif ; comme, *je suis connu du Roi, j'ai été maltraité par mon frère.*

D. *Conjuguez un verbe passif, seulement par les premières personnes de chaque temps ?*

R. INDICATIF.

PRESENT.

Je suis aimé *ou* aimée.

IMPARFAIT.

J'étois aimé *ou* aimée.

PRETERIT.

Je fus aimé *ou* aimée.

PRETERIT INDÉFINI.

J'ai été aimé *ou* aimée.

PRETERIT ANTERIEUR.

Quand J'eus été aimé *ou* aimée.

PRETERIT ANTERIEUR INDEFINI.

Quand J'ai eu été aimé *ou* aimée

PLUSQUE-PARFAIT.

J'avais été aimé *ou* aimée.

FUTUR.

Je serai aimé *ou* aimée.

D 5

FUTUR PASSÉ.

Quand j'aurai été aimé *ou* aimée.

CONDITIONNEL PRESENT.
Je serois aimé *ou* aimée.

CONDITIONNEL PASSÉ.
J'aurai *ou* j'eusse été aimé *ou* aimée.

IMPÉRATIF.
PRÉSENT *ou* FUTUR.
Sois aimé *ou* aimée.

SUBJONCTIF
ou
CONJONCTIF.
PRESENT *ou* FUTUR.
Il faut Que je sois aimé *ou* aimée.

IMPARFAIT.
Il falloit Que je fusse aimé *ou* aimée.

PRÉTÉRIT.
Il fallut Que j'aie été aimé *ou* aimée.

PLUSQUE-PARFAIT.
Il auroit fallu Que j'eusse été aimé *ou* aimée.

INFINITIF.
PRESENT.
Être aimé *ou* aimée.

PRETERIT.
Avoir été aimé *ou* aimée.

PARTICIPE PASSIF.
PRESENT.
Aimé *ou* aimée.

PRETERIT.
Ayant été aimé *ou* aimée.

D. Qu'est-ce que le verbe réfléchi?

R. Le verbe réfléchi est celui qui exprime l'action d'un sujet qui agit sur lui-même, et qui se conjugue toujours avec les pronoms conjonctifs, *me, te, je, nous, vous, se,* lesquels se mettent entre le nominatif du verbe et le verbe; comme, *je* ME *chagrine, tu* TE *satisfais, il* SE *trompe, etc.*

D. De quelle personne faut-il que soient les pronoms conjonctifs joints aux verbes réfléchis?

R. Il faut qu'ils soient de la même personne que le nominatif du verbe; comme dans *je me chagrine, je* et *me* sont de la première personne du singulier; dans *l'homme se trompe, l'homme* et *se* sont de la troisième personne du singulier;

dans *vous vous perdez*, *vous* et *vous* sont de la seconde personne du pluriel, et ainsi des autres.

D. De quels cas les pronoms conjonctifs tiennent-ils lieu dans les verbes réfléchis ?

R. Ils tiennent lieu, dans les uns, de l'accusatif du pronom personnel ; comme dans *je me flatte*, c'est-à-dire, *je flatte moi.*

Dans d'autres, ils tiennent lieu du datif du pronom personnel ; comme dans *Pierre se donne un habit*, c'est-à-dire, *Pierre donne un habit à soi.*

Il y en a quelques-uns où ils ne tiennent proprement lieu d'aucun cas, comme dans *je me repens* , *je m'aperçois* , que l'on ne peut pas tourner par *je repens moi* ou *à moi, je m'aperçois moi* ou *à moi.* Cependant on les regarde comme étant à l'accusatif.

D. Comment se conjuguent les verbes réfléchis ?

R. Ils se conjuguent avec le verbe auxiliaire *être*, dans leurs temps composés, comme on va le voir dans la conjugaison du verbe réfléchi *se repentir.*

INDICATIF.

PRÉSENT.

Je me repen*s.*
Tu te repen*s.*
Il se repent*.*
Nous nous repent*ons.*
Vous vous repent*ez.*
Ils se repentent.

IMPARFAIT.

Je me repent*ois.*
Tu te repent*ois.*
Il se repent*oit.*
Nous nous repent*ions.*
Vous vous repent*iez.*
Ils se repent*oient.*

PRÉTÉRIT.

Je me repenti.
Tu te repenti*s.*
Il se repenti*t.*
Nous nous repent*îmes.*
Vous vous repent*îtes.*
Ils se repent*irent.*

PRÉTÉRIT INDEFINI.

Je me suis repenti *ou* repentie,
Tu t'es repenti *ou* repentie,
Il s'est repenti *ou* elle s'est repentie.
Nous nous sommes repenti*s ou* repenti*es.*

D 6

Vous vous êtes repentis *ou* repenties.

Ils se sont repentis *ou* elles se sont repenties.

PRÉTÉRIT ANTÉRIEUR.

Quand Je me fus repenti *ou* repentie.

Tu te fus repenti *ou* repentie.

Il se fût repenti *ou* elle se fût repentie.

Nous nous fûmes repentis *ou* repenties.

Vous vous fûtes repentis *ou* repenties.

Ils se furent repentis *ou* elles se furent repenties.

PLUSQUE-PARFAIT.

Je m'étois repenti *ou* repentie.

Tu t'étois repenti *ou* repentie.

Il s'étoit repenti *ou* elle s'étoit repentie.

Nous nous étions repentis *ou* repenties.

Vous vous étiez repentis *ou* repenties.

Ils s'étoient repentis *ou* elles s'étoient repenties.

FUTUR.

Je me repentirai

Tu te repentiras.

Il se repentira.

Nous nous repentirons.

Vous vous repentirez.

Ils se repentiront.

FUTUR PASSÉ.

Quand Je me serai repenti *ou* repentie.

Tu te seras repenti *ou* repentie.

Il se sera repenti *ou* elle se sera repentie.

Nous nous serons repentis *ou* repenties.

Vous vous serez repentis *ou* repenties.

Ils se seront repentis *ou* elles se seront repenties.

CONDITIONNEL PRÉSENT.

Je me repentirois.

Tu te repentirois.

Il se repentiroit.

Nous nous repentirions.

Vous vous repentiriez.

Ils se repentiroient.

CONDITIONNEL PASSÉ.

Je me *serois* ou *je* me *fusse* repenti *ou* repentie.

Tu te *serois* ou *tu* te *fusses* repenti *ou* repentie.

Il se *seroit* ou *il* se *fût* repenti, *ou elle* se *seroit* ou *elle* se *fût* repentie.

Nous nous *serions* ou *nous* nous *fussions* repentis *ou* repenties.

Vous vous *seriez* ou *vous* vous *fussiez* repentis *ou* repenties.

Ils se *seroient* ou *ils* se *fussent* repentis, *ou elles* se *seroient* ou *elles* se *fussent* repenties.

IMPÉRATIF.

PRÉSENT *ou* FUTUR.

Repens-toi.

Qu'il se repente.

Repentons-nous.

Repentez-vous.

Qu'ils se repentent.

SUBJONCTIF
ou
CONJONCTIF.

PRESENT *ou* FUTUR.

Il faut Que je me repente.
Que tu te repentes.
Qu'il se repente.
Que nous nous repentions.
Que vous vous repentiez.
Qu'ils se repentent.

IMPARFAIT.

Il falloit Que je me repentisse.
Que tu te repentisses.
Qu'il se repentît.
Que nous nous repentissions.
Que vous vous repentissiez.
Qu'ils se repentissent.

PRETERIT.

Il a fallu Que je me sois repenti *ou* repentie.
Que tu te sois repenti *ou* repentie.
Qu'il se soit repenti *ou* qu'elle se soit repentie.
Que nous nous soyons repentis *ou* repenties.
Que vous vous soyez repentis *ou* repenties.
Qu'ils se soient repentis *ou* qu'elles se soient repenties.

PLUSQUE-PARFAIT.

Il auroit fallu Que je me fusse repenti *ou* repentie.
Que tu te fusses repenti *ou* repentie.
Qu'il se fût repenti *ou* qu'elle se fût repentie.
Que nous nous fussions repentis *ou* repenties.
Que vous vous fussiez repentis *ou* repenties.
Qu'ils se fussent repentis *ou* qu'elles se fussent repenties.

INFINITIF.
PRESENT.
Se repentir.

PRETERIT.
S'être repenti *ou* repentie.

PARTICIPE ACTIF.
PRESENT.
Se repentant.

PRETERIT.
S'étant repenti *ou* repentie.

PARTICIPE PASSIF.
PRESENT.
Repenti *ou* repentie.

GÉRONDIF.
En se repentant *ou* se repentant.

D. *Qu'est-ce que le verbe réciproque ?*
R. C'est un verbe qui signifie l'action de deux ou de plusieurs sujets qui agissent les uns sur les autres, comme quand on dit : *Ils se battent tous deux, nous nous aimons les uns les autres.*

Ces verbes se conjuguent de la même manière que le verbe réfléchi.

D. *En quel nombre sont dans ces verbes le nominatif du verbe, et les pronoms conjonctifs qui les accompagnent ?*

R. ils ne peuvent être qu'au pluriel, puisqu'il y a nécessairement plusieurs sujets qui agissent les uns sur les autres.

D. *Les pronoms conjonctifs s'y rapportent-ils au nominatif du verbe ?*

R. Non ; car quand on dit : *Pierre et Antoine se battent*, cela veut dire, que *Pierre bat Antoine*, et qu'*Antoine bat Pierre*.

D. *Qu'est-ce que le verbe impersonnel ?*

R. Le verbe impersonnel est celui qui ne s'emploie dans tous les temps qu'à la troisième personne du singulier, avec le pronom *il* ou *on*; comme, *il pleut, il faut, il importe; on aime, on étudie, etc.*

D. *Comment connoît-on qu'un verbe à la troisième personne du singulier, précédé du pronom* il *, est impersonnel ?*

R. Quand le pronom *il* ne tient lieu d'aucun nom déjà exprimé. Ainsi, dans cette phrase: *Voilà un beau chapeau*, IL *convient que je l'achète,* on ne peut mettre *chapeau*, ni aucun autre nom à la place de *il*, et on ne pourroit pas dire, *ce chapeau convient que je l'achète.* Par conséquent, *il convient* est un verbe impersonnel.

Mais dans celle-ci : *Voilà un bon chapeau, il convient à ma tête; il convient* n'est pas impersonnel, parce qu'on peut mettre *chapeau* à la place de *il*, et dire, *ce chapeau convient à ma tête.*

*D. Comment se conjuguent les verbes imper-
sonnels ?*

R. Ils se conjuguent comme les autres
verbes, excepté qu'ils n'ont, dans chaque
temps, que la troisième personne du singulier, précédé du pronom *il* ou *on.*

D. Conjuguez les deux verbes impersonnels
il faut *et* il y a, *qui sont d'un grand usage ?*

R. INDICATIF.

PRÉSENT.

Il faut.

IMPARFAIT.

Il falloit.

PRETERIT.

Il fallut.

PRETERIT INDEFINI.

Il a fallu.

PRETERIT ANTERIEUR

Quand Il eut fallu.

PLUSQUE-PARFAIT.

Il avoit fallu.

FUTUR.

Il faudra.

FUTUR PASSÉ.

Quand Il aura fallu.

CONDITIONNEL PRESENT.

Il faudroit.

CONDITIONNEL PASSÉ.

Il auroit *ou* il eût fallu.

SUBJONCTIF

ou

CONJONCTIF.

PRÉSENT *ou* FUTUR.

Qu'il faille.

IMPARFAIT.

Qu'il fallût.

PRÉTÉRIT.

Qu'il ait fallu.

PLUSQUE-PARFAIT.

Qu'il eût fallu.

PARTICIPE ACTIF.

PRESENT.

Ayant fallu.

Les temps et les modes qui manquent à ce
verbe, ne sont point en usage.

INDICATIF.

PRESENT.
Il y a.

IMPARFAIT.
Il y avoit.

PRETERIT.
Il y eut.

PRETERIT INDEFINI.
Il y a eu.

PRETERIT ANTERIEUR.
Quand Il y eut eu.

PLUSQUE-PARFAIT.
Il y avoit eu.

FUTUR.
Il y aura.

FUTUR PASSÉ.
Quand Il y aura eu.

CONDITIONNEL PRESENT.
Il y auroit.

CONDITIONNEL PASSÉ
Il y auroit *ou* il y eût eu.

IMPÉRATIF.

PRESENT *ou* FUTUR.
Qu'il y ait.

SUBJONCTIF

ou

CONJONCTIF.

PRESENT *ou* FUTUR.
Il faut Qu'il y ait.

IMPARFAIT.
Il falloit Qu'il y eût.

PRETERIT.
Il a fallu Qu'il y ait eu.

PLUSQUE-PARFAIT.
Il auroit fallu Qu'il y eût eu.

INFINITIF.

PRESENT.
Y avoir.

PRETERIT.
Y avoir eu.

PARTICIPE ACTIF.

PRESENT.
Y ayant.

PRETERIT,
Y ayant eu.

D. *Conjuguez un verbe impersonnel avec le pronom général* On ?

R. INDICATIF.

PRESENT.

On aime.

IMPARFAIT.

On aimoit.

PRÉTÉRIT.

On aima.

PRÉTÉRIT INDÉFINI.

On a aimé.

PRETERIT ANTERIEUR.

Quand On eut aimé.

PRETERIT ANTERIEUR INDEFINI.

Quand On a eu aimé.

PLUSQUE-PARFAIT.

On avoit aimé.

FUTUR.

On aimera.

FUTUR PASSÉ.

Quand On aura aimé.

CONDITIONNEL PRESENT.

On aimeroit.

CONDITIONNEL PASSÉ.

On auroit *ou* on eût aimé.

IMPÉRATIF

PRESENT *ou* FUTUR.

Qu'on aime.

SUBJONCTIF

ou

CONJONCTIF.

PRESENT *ou* FUTUR.

Il faut Qu'on aime.

IMPARFAIT.

Il falloit Qu'on aimât.

PRETERIT.

Il a fallu Qu'on eût aimé.

PLUSQUE-PARFAIT.

Il auroit fallu Qu'on eût aimé.

INFINITIF.

PRESENT.

Aimer.

DES VERBES AUXILIAIRES.

D. *Combien y a-t-il de verbes auxiliaires ?*
R. Deux, le verbe *avoir* et le verbe *être.*
D. *Ces verbes sont-ils toujours auxiliaires*
R. Non ; ils ne sont auxiliaires que quand ils sont suivis d'un participe passif avec lequel ils forment les temps composés des autres verbes ; comme dans *j'*AI *aimé, nous* AVIONS *reçu, vous vous* ETES *repentis, nous* SERONS *estimés.*

D. *De quels verbes chacun des auxiliaires forme-t-il les temps composés ?*

R. L'auxiliaire *avoir*, suivi d'un participe passif, forme les temps composés de lui-même et du verbe *être*, de tous les verbes actifs, d'une partie des verbes neutres, et des verbes impersonnels, *j'ai eu, j'ai été, j'ai rendu, j'ai dormi, il a fallu, etc.*

L'auxiliaire *être*, suivi d'un participe passif, forme les temps composés d'une partie des verbes neutres, des verbes réfléchis, et tous les temps des verbes passifs ; comme, *je suis tombé, je me suis repenti, je suis aimé, etc.*

D. *Qu'est-ce que sont les verbes* avoir *et* être, *quand ils ne sont pas suivis d'un participe passif, et qu'ils ne sont pas auxiliaires ?*

R. *Avoir* est un verbe actif qui signifie la même chose que *posséder* ; comme quand on dit, *j'ai de l'argent* ; c'est-à-dire, *je possède de l'argent.*

Être, suivi d'un nom adjectif ou d'un nom substantif qui se rapporte au nominatif du verbe, est simplement un verbe substantif, comme quand on dit, *Dieu est bon. Cette figure est un triangle.*

CHAPITRE VII.

Du Participe.

D. Qu'est-ce que le participe ?

R. C'est un nom adjectif formé d'un verbe, et qui en a quelques propriétés, comme *aimant* et *aime* formés du verbe *aimer* ; *recevant* et *reçu* formés du verbe *recevoir.*

D. Pourquoi l'appelle-t-on participe ?

R. Parce qu'il participe de la nature du nom substantif, et de la nature du verbe.

D. En quoi participe-t-il de la nature du nom adjectif ?

R. En ce qu'il suppose ordinairement un nom substantif auquel il se rapporte : comme quand on dit : *Pierre aimant* ou *recevant* ; *l'argent aimé* ou *reçu.*

D. Quelles sont les propriétés que le participe emprunte du verbe ?

R. Il a le régime du verbe dont il est formé, et il se rapporte, tantôt au présent, et tantôt au passé. Ainsi, comme on dit, *Pierre aime l'étude,* ou *Pierre est aimé de Dieu,* on dit de même, *Pierre aimant* ou *ayant aimé l'étude, Pierre aime, étant aimé,* ou *ayant été aimé de Dieu.*

D. En quoi le participe est-il différent du verbe?

R. En ce qu'il exprime l'attribut sans affirmation. Ainsi, *recevant* et *reçu* ne sont que les attributs du verbe actif *recevoir* et du verbe passif *être reçu.*

D. Combien y a-t-il de sortes de participes ?

R. Il y en a de deux sortes ; *les participes actifs* et *les participes passifs.*

D. Qu'est-ce que les participes actifs ?

R. Ce sont ceux qui se terminent en *ant,* et qui ont ordinairement la signification active, comme *aimant, finissant, etc.*

D. En quoi les participes actifs sont-ils différents des noms adjectifs ?

R. En ce qu'ils sont indéclinables comme les gérondifs, c'est-à-dire, qu'ils ne changent pas de terminaison, soit qu'ils se rapportent à des noms masculins ou féminins, singuliers ou pluriels. Ainsi, on dit également, *un homme* LISANT, *une femme* LISANT, *des hommes* LISANT, *des femmes* LISANT *de bons livres.*

D. N'y a-t-il pas des mots qui paraissent des participes actifs déclinables ?

R. Oui : et ce sont alors des adjectifs terminés en *ant* et formés des verbes. On les reconnoît en ce qu'ils prennent la terminaison féminine au pluriel, suivant les noms substantifs auxquels ils se rapportent : tels que sont *éclatant* et *dépendant,* qui font au féminin *éclatante, dépendante,* et au pluriel des deux genres, *éclatants, dépendants ; éclatantes, dépendantes.*

D. Le gérondif étant terminé en ant *comme le participe actif, comment distingue-t-on l'un d'avec l'autre ?*

R. En ce que l'on met ordinairement et que l'on peut mettre toujours en avant le gérondif ; comme quand on dit, *en étudiant, on devient habile ;* ou *vous le perdez, le flattant comme vous faites,* c'est-à-dire, *en le flattant comme vous faites.*

Au lieu qu'on ne peut pas mettre *en* avant un participe actif, sans changer le sens de la phrase. Ainsi, ce n'est pas la même chose de dire, *je vous ai vu priant Dieu*, ou *je vous ai vu en priant Dieu*.

D. Qu'est-ce que les participes passifs ?

R. Ce sont ceux qui ne sont pas terminés en *ant*, et qui ont ordinairement la signification passive, comme *aimé, fini, reçu, etc.*

D. Quel est l'usage des participes passifs dans la conjugaison des verbes ?

R. C'est, comme nous l'avons vu, d'en former tous les temps composés avec les temps simples des verbes auxiliaires *avoir* et *être.*

D. Où trouve-t-on facilement le participe passif de chaque verbe ?

R. Dans le premier des verbes composés qui est le prétérit indéfini. Ainsi, *rendu* et *craint* sont les participes passifs des verbes *rendre* et *craindre*, parce qu'ils font au prétérit indéfini, *j'ai rendu, j'ai craint.*

CHAPITRE VIII.

De la Préposition.

D. Qu'est-ce que les prépositions ?

R. Ce sont des mots indéclinables qui marquent les rapports que les choses ont entr'elles, et qui ont toujours un nom ou un pronom pour régime, comme quand on dit, *dans la maison, avec moi, après l'étude, pour lui, etc.*

D. *Qu'entendez-vous quand vous dites que les prépositions sont des mots indéclinables ?*

R. J'entends que les prépositions n'ont ni genres, ni nombres, ni cas, comme les noms et les pronoms.

D. *Pourquoi ces mots sont-ils appelés* prépositions ?

R. Parce qu'ils se mettent toujours avant le nom ou le pronom qu'ils régissent.

D. *Comment peut-on diviser les prépositions ?*

R. Par les cas qu'elles régissent. Ainsi, il y en a de trois sortes.

1.º Celles qui régissent le génitif ou l'ablatif, comme *loin de*, *près de*, *auprès de*, *proche de*, *à côté de*, *hors de*, *autour de*, *à raison de*, etc.

2.º Celles qui régissent le datif, comme *jusqu'à* ou *jusques à*, *quant à*, *par rapport à*, etc.

3.º Celles qui régissent l'accusatif, dont le nombre est très-grand : telles que sont, *après*, *avant*, *avec*, *chez*, *contre*, *dans*, *depuis*, *derriere*, *dès*, *devant*, *durant*, *en*, *entre*, *envers*, *environ*, *excepté*, *malgré*, *outre*, *par*, *parmi*, *pendant*, *pour*, *sans*, *selon*, *sous*, *suivant*, *sur*, *vers*, etc.

D. *Comment peut-on distinguer les prépositions qui régissent le génitif d'avec celles qui régissent l'ablatif ?*

R. Les prépositions formées d'un nom, comme, *à côté de*, *à raison de*, régissent le génitif ; et les autres qui ont une expression particulière, comme *loin de*, *hors de*, régissent l'ablatif.

CHAPITRE IX.

De l'Adverbe.

D. *Qu'est-ce que les adverbes ?*

R. Ce sont des mots indéclinables qui se joignent le plus ordinairement au verbe, pour en exprimer quelques circonstances. Ainsi, quand on dit, *je vous aime tendrement, vous m'avez servi fidèlement ; tendrement* et *fidèlement* expriment quelques circonstances des verbes *aimer* et *servir.*

D. *Comment peut-on considérer les adverbes ?*

R. Comme des expressions abrégées qui signifient, en un seul mot, ce qu'on ne pourroit faire entendre que par une préposition et un nom. Ainsi, *tendrement, fidèlement,* signifient *avec tendresse, avec fidélité.* On peut rendre de la même manière presque tous les adverbes par des prépositions et des noms.

D. *Que s'ensuit-il de là ?*

R. Que les prépositions avec leurs régimes peuvent être regardées comme de véritables adverbes, qui expriment quelques circonstances d'un verbe ou d'un autre mot, puisque *avec sagesse,* veut dire la même chose que *sagement.*

D. *Les adverbes reçoivent-ils quelques changemens ?*

R. Non : ils sont indéclinables comme les prépositions, c'est-à-dire, qu'ils n'ont en général ni genres, ni nombres, ni cas.

D. *Combien y a-t-il de sorte d'adverbes ?*

R. On en distingue ordinairement de six sortes, savoir :

1.º Les adverbes de temps qui répondent à la question *quand ?* tels que sont, *hier, aujourd'hui, autrefois, demain, bientôt, souvent, toujours,* etc.

2.º Les adverbes de lieu ou de situation, qui répondent à la question *où ?* comme *ici, là, y, près, loin, dedans, dehors, ailleurs, par-tout,* etc.

3.º Les adverbes d'ordre et de rang, comme *premièrement, secondement, devant, après, ensemble,* etc.

4.º Les adverbes de quantité ou de nombre, qui répondent à la question *combien ?* tels que sont, *peu, beaucoup, guère, assez, tant, autant, trop,* etc.

5.º Les adverbes de comparaison, tels que sont, *comme, ainsi, pareillement, aussi, plus, davantage, pis, mieux, moins, presque,* etc.

6.º Les adverbes de qualité ou de manière qui répondent à la question *comment ?* tels que sont, *bien, mal, modestement, sévèrement, courageusement,* etc.

D. *Comment peut-on regarder les adverbes de quantité ou de nombre ?*

R. Comme des noms substantifs qui peuvent être régis par des verbes ou par des prépositions. Ainsi, *assez de vin, beaucoup de livres, peu de gens,* signifient, *une quantité suffisante de vin, un grand nombre de livres, un petit nombre de gens* ; et l'on dit, *j'ai reçu beaucoup de marchandises, vivre avec peu de*

revenu ,

revenu, où l'on voit que *beaucoup* est le régime du verbe *j'ai reçu*, et *peu* celui de la
préposition *avec.*

D. *D'où se forment la plupart des adverbes
de qualité ou de manière ?*

R. La plupart des adverbes de qualité ou
de manière se forment du féminin des noms
adjectifs, en y ajoutant *ment.* Ainsi, de *grande*,
féminin de *grand*, on fait *grandement :* de
douce, féminin de *doux*, on fait *doucement :*
de *nouvelle*, *nouvellement :* de *certain*, *certai-
nement*, etc.

D. *Les adverbes de qualité ou de manière ne
sont-ils pas susceptibles de degré de comparaison, comme les adjectifs ?*

R. Oui : et on en forme les comparatifs et
les superlatifs, en y joignant les mêmes mots
qu'aux adjectifs. Ainsi,

Le comparatif d'égalité des adverbes *géné-
reusement*, *fidélement*, sera *aussi* ou *si géné-
reusement*, *aussi*, ou *si fidélement.*

Le comparatif d'excès sera *plus généreuse-
ment*, *plus fidélement.*

Le comparatif de défaut sera *moins géné-
reusement*, *moins fidélement.*

Le superlatif absolu sera *très* ou *fort géné-
reusement : très* ou *fort fidélement.*

Le superlatif relatif sera *le plus généreuse-
ment*, *le plus fidélement.*

Le comparatif d'excès de l'adverbe *bien*,
est *mieux ;* et celui de l'adverde *mal*, est *pis.*

D. *N'y a-t-il pas des mots qui sont quelquefois regardés comme adverbes*, *et quelquefois
comme prépositions ?*

R. Oui : tels que sont, *après*, *loin*,

E

depuis, et quelques autres ; parce qu'ils sont employés quelquefois sans régime , comme dans , *il demeure loin* , et quelquefois avec un régime , comme dans , *sa maison est loin de la mienne.*

D. *N'y a-t-il pas des noms adjectifs qui sont quelquefois employés comme adverbes ?*

R. Oui : tels que sont les adjectifs , *juste* , *clair* , *bas* , *bon* , *fort* , dans *chanter juste* , *voir clair* , *parler bas* , *sentir bon* , *frapper fort* , parce qu'alors ils expriment plutôt la circonstance d'une action ou d'un abverbe , que la qualité d'une chose , et qu'ils répondent à la question *comment ?*

CHAPITRE X.

De la Conjonction.

D. *QU'est-ce que les conjonctions ?*

R. Ce sont des mots indéclinables qui expriment diverses opérations de notre esprit, et qui servent à lier les parties d'une phrase ou d'un discours.

D. *Comment divise-t-on les conjonctions ?*

R. En quinze espèces principales ; savoir :

1. Affirmatives , négatives , ou de doute ; *oui* , *oui-dà* , *non* , *ne* , *ni* , *ne pas* , *ne point* , *non point* , *ne plus* , *point* , *point du tout* , *peut-être* , etc.

2. Copulatives ou d'assemblage ; *et* , *aussi* , *tant* . . . . *qui* , *ni* , *non plus* , etc.

3. Disjonctives ou de division; *ou , ou bien ,
soit , soit que , etc.*

4. Adversatives ou d'opposition ; *mais, cependant , néanmoins , pourtant , etc.*

5. D'exception ou de restriction ; *sinon, si
ce n'est que, quoique , à moins de , etc.*

6. Conditionnelles ; *si , pourvu que , supposé
que , à condition que , en cas que , etc.*

7. Suspensives ou d'incertitude; *si , savoir
si , etc.*

8. Concessives; *à la vérité , à la bonne heure
que , quand , quand même , quoique , etc.*

9. Déclaratives ; *savoir , comme , c'est-à-
dire , etc.*

10. Comparatives ou d'égalité ; *comme ,
de même , ainsi , ainsi que , autant que , si...
que , etc.*

11. Augmentatives et diminutives ; *d'ailleurs , outre que , de plus , au surplus , encore , etc.*

12. Causales ou causatives ; *car, parce que,
comme , à cause que , attendu que , vu que ,
puisque , pourquoi ? d'où vient que ? afin que ,
afin de , pour , de peur que , de peur de , si. ...
que , etc.*

13. Illatives ou conclusives ; *or , donc , par
conséquent , ainsi , c'est pourquoi , de sorte ou
en sorte que , tellement que , de manière que , etc.*

14. De temps et d'ordre ; *quand , comme ,
lorsque , pendant que , tandis que , tant que ,
avant que , depuis que , dès que , aussitôt que ,
à peine , après que , cependant , encore , enfin ,
à la fin , etc.*

15. De transition ; *or , en effet , au reste ,
à propos , après tout , etc.*

E 2

D. *Sont-ce là toutes les conjonctions ?*

R. Il y en a encore plusieurs autres que l'usage et la réflexion feront connoître, et distinguer des prépositions et des adverbes.

D. *Quelle est la conjonction qui se rencontre le plus fréquemment dans le discours ?*

R. C'est la conjonction *que*, qui s'emploie dans un très-grand nombre de significations différentes les unes des autres, et dont la plus ordinaire est d'exprimer ou d'annoncer le régime de bien des verbes, comme dans *je crois* QUE *l'ame est immortelle*, *je doute* QUE *vous aimiez la vertu*, où le *que* avec ce qui suit, exprime le régime des verbes *je crois* et *je doute*. Je crois, quoi ? *que l'ame est immortelle.* Je doute, de quoi ? *que vous aimiez la vertu.*

D. *En quelles occasions* que *est-il conjonction ?*

R. *Que* est conjonction, quand on ne peut le tourner ni par *lequel*, *laquelle*, ni par *quelle chose*, comme quand on dit : *Dieu veut* QUE *nous l'aimions.*

D. *Les prépositions ne sont-elles pas quelquefois mises au nombre des conjonctions ?*

R. Oui ; quand au lieu d'un nom ou d'un pronom, elles régissent un verbe, comme quand on dit : LOIN *de blâmer votre conduite.* JUSQU'A *mépriser la vie.* APRÈS *avoir prié Dieu.* POUR *mériter le Ciel.* SANS *écouter mes raisons.*

D. *En quel mode met-on les verbes qui suivent les conjonctions ?*

R. 1.° Celles qui ressemblent à quelques prépositions, ou qui sont terminées par *de*, gouvernent le verbe suivant à l'infinitif, comme dans : *je travaille* POUR *gagner le Ciel* ; *soyez attentifs à vos devoirs* DE PEUR DE *déplaire à vos supérieurs.*

2.º Celles qui sont terminées par *que*, gouvernent le verbe suivant, les unes à l'indicatif et les autres au subjonctif, comme dans : *Balthasar étoit à table,* LORSQU'*il vit la main qui écrivoit sa condamnation. Les Apôtres eurent le don des langues,* AFIN QU'*ils pussent annoncer l'Evangile à toutes les Nations.*

D. Est-il aisé de connoître si un verbe est au subjonctif ou à l'indicatif ?

R. Non, parce qu'il y a des verbes qui ont la même terminaison dans plusieurs temps de l'un et de l'autre modes ; comme dans les verbes de la première conjugaison, les trois personnes du singulier, et la troisième du pluriel du présent de l'indicatif, sont semblables aux mêmes personnes du présent du subjonctif ; dans les verbes des quatre conjugaisons, la première et le seconde personne du pluriel de l'imparfait de l'indicatif sont semblables aux mêmes du présent du subjonctif ; et dans les verbes de la seconde conjugaison, les personnes du présent du subjonctif, excepté la troisième du singulier, sont semblables à celles de l'imparfait du même mode.

D. Que faut-il faire pour s'assurer de ces temps après la conjonction que, *et pour savoir si cette conjonction gouverne l'indicatif ou le subjonctif ?*

R. Il faut substituer aux temps des verbes dont elle est suivie, ceux du verbe *faire*, qui sont différens les uns des autres. Ainsi, au

E 3

lieu de dire, *quoique j'aime, que tu aimes, qu'il aime, qu'ils aiment,* on dira, *quoique je fasse, que tu fasses, qu'il fasse, qu'ils fassent;* au lieu de, *lorsque nous aimions, vous aimiez,* on dira, *lorsque nous faisions, vous faisiez;* au lieu de, *pourvu que nous aimions, que vous aimiez, que nous finissions, que vous finissiez, que nous recevions, que vous receviez, que nous rendions, que vous rendiez,* on dira, *pourvu que nous fassions, que vous fassiez;* et au lieu de, *il falloit que je finisse, que tu finisses, que nous finissions, que vous finissiez, qu'ils finissent,* on dira, *il falloit que je fisse, que tu fisses, que nous fissions, que vous fissiez, qu'ils fissent.* On connoîtra par-là en quel temps sont les verbes, ou en quel mode il faudra les mettre après la conjonction *que.*

CHAPITRE XI.

De l'Interjection.

D. *Qu'est-ce que les interjections?*

R. Ce sont des mots indéclinables dont on se sert pour exprimer quelques mouvemens de l'ame; comme la joie, la douleur, la crainte, l'aversion, l'encouragement, etc.

D. *Apportez des exemples pour chacun de ces mouvemens?*

R. Pour exprimer la joie, on dit, *ah! bon!*

Pour exprimer la douleur, on dit, *aye! ah! hélas! mon Dieu! hé!* ou *eh!*

Pour exprimer la crainte, on dit, *ha ! hélas ! hé !*

Pour exprimer l'aversion, on dit, *fi ! fi donc !*

Pour encourager quelqu'un, on dit, *ça, allons, courage !*

Pour admirer, on dit, *ah !*

Pour appeler quelqu'un, on dit, *hola hé !*

Pour faire cesser, on dit, *hola !*

Pour réprimer, on dit, *tout beau !*

Pour imposer silence, on dit, *paix !*

D. *Sont-ce là toutes les interjections ?*

R. On peut encore y ajouter tous les mots qu'on ne peut pas ranger au nombre des prépositions, des adverbes ou des conjonctions; tels que sont, *certes, soit,* marquant consentement ; *volontiers, adieu,* et quelques autres.

D. *Comment distingue-t-on une même interjection qui exprime différens mouvemens de l'ame ?*

R. On la distingue par les différens tons de voix dont on la prononce.

CHAPITRE XII.

OBSERVATIONS GÉNÉRALES

SUR LES PARTIES DU DISCOURS.

I. *Accord de l'Adjectif avec le Substantif.*

D. *Quel rapport y a-t-il entre le nom substantif et le nom adjectif ?*

R. Il n'est pas nécessaire qu'un nom substantif soit accompagné d'un nom adjectif;

E 4

mais un nom adjectif suppose toujours un nom substantif auquel il se rapporte.

D. Comment s'accorde en françois l'adjectif avec le substantif ?

R. En genre, en nombre et en cas ; c'est-à-dire, qu'un nom adjectif doit toujours être du même genre, du même nombre et au même cas que le nom substantif auquel il se rapporte, comme quand on dit, *l'homme prudent, la femme prudente, les hommes prudents, les femmes prudentes ?*

D. Cette règle ne regarde-t-elle que les noms adjectifs ?

R. Elle regarde encore les pronoms et les participes qui ont différentes terminaisons, pour le masculin et le féminin, le singulier et le pluriel. Ainsi, en les faisant accorder avec le nom substantif auquel ils se rapportent, il faut dire, *mon livre, mes livres, ma sœur, mes sœurs; un homme estimé, une femme estimée; des hommes estimés, des femmes estimées.*

D. Trouve-t-on toujours dans la même phrase le nom substantif auquel se rapporte un adjectif ?

R. Non ; quelquefois ce substantif est sous-entendu, parce qu'il a été exprimé dans quelque phrase précédente. Ainsi, pour le trouver, il faut examiner à quoi peut convenir ce qui est exprimé par le nom adjectif.

Mais il arrive souvent que les adjectifs n'ont rapport à aucun substantif exprimé dans le discours : alors ils sont toujours au masculin, et ils n'ont qu'un substantif vague et général, que l'on peut rendre par l'un des deux noms , *chose* ou *homme*; comme quand on dit , *il est* UTILE *d'étudier* ; *les* SAVANTS *admirent votre courage* ; CELUI *qui aime Dieu* ; *écoutez* CE *que je vous dis* : c'est—à—dire , *c'est une* CHOSE UTILE *d'étudier* ; *les* HOMMES SAVANTS *admirent votre courage* ; L'HOMME *qui aime Dieu* ; *écoutez* LA CHOSE *que je vous dis.*

D. *Quand un nom adjectif se rapporte à plusieurs substantifs singuliers et de divers genres , en quel nombre et en quel genre le met-on ?*

R. On le met au pluriel , parce que deux ou plusieurs singuliers valent un pluriel. Ainsi , il faut dire , *mon frère et ma sœur sont estimables* , et non pas *estimable.*

Le masculin étant plus noble que le féminin , on met ordinairement au masculin , ou on donne la terminaison masculine à l'adjectif qui se sapporte à plusieurs substantifs de divers genres. Ainsi , on dit , *mon frère et ma sœur sont contents* , et non pas *contentes.*

II. *Accord du Verbe avec son Nominatif.*

D. *Quel rapport y a-t-il entre le verbe et le nominatif ?*

R. Un nom au nominatif demande toujours un verbe ; et tout verbe qui n'est pas impersonnel , ou qui n'est pas à l'infinitif, suppose toujours un nom substantif au nominatif, exprimé ou sous-entendu , dont il dépend.

D. *Quand ce nom substantif au nominatif n'est pas exprimé , qu'est-ce qui en tient lieu ?*

R. C'est toujours un pronom personnel

ou autre, comme quand, après avoir parlé de Dieu, je dis, IL *jugera les hommes*, ou *lui* QUI *jugera les hommes.*

D. *Comment trouve-t-on le nominatif d'un verbe, ou le nom substantif dont le pronom tient la place ?*

R. En mettant *qui est-ce ?* ou *qu'est-ce qui ?* avant le verbe : la réponse fera trouver le nom que l'on cherche. Ainsi, en disant, *qui est-ce qui jugera les hommes ?* on trouve que c'est *Dieu* qui est le nominatif du verbe, et dont les pronoms *il* et *qui* tenoient la place.

De même, pour savoir quel est le nominatif du verbe dans cette phrase, *il arrive de grands malheurs ;* en demandant, *qu'est-ce qui arrive,* on trouve que c'est *de grands malheurs.*

D. *Comment s'accorde le verbe avec son nominatif ?*

R. En nombre et en personne, c'est-à-dire, que le verbe doit être au singulier, si son nominatif n'exprime qu'une seule chose ; qu'il doit être au pluriel, si son nominatif exprime plusieurs choses, ou s'il a pour nominatif plusieurs noms au singulier, et qu'il doit être à la même personne que son nominatif.

D. *Donnez-en des exemples ?*

R. Dans cette phrase, *je cultiverai les sciences ;* le verbe *cultiverai* est à la première personne du singulier, parce que son nominatif *je* est au singulier et de la première personne. Dans celle-ci, *mon frère, vous négligez l'étude ;* le verbe *négliger* est à la seconde personne du singulier, parce que *vous,* qui tient la place de mon frère, est au singulier et de la seconde personne.

Dans celle-ci, *Dieu punira les méchants* ; le verbe *punira* est à la troisième personne du singulier, parce que *Dieu* est au singulier et de la troisième personne.

Dans celles-ci, *les Païens adoroient des idoles ; la sagesse et la modestie conviennent aux jeunes gens* ; les verbes *adoroient* et *conviennent* sont à la troisième personne du pluriel, parce que le nominatif du premier est au pluriel de la troisième personne ; et que l'autre a pour nominatif deux noms de la troisième personne au singulier, lesquels valent un pluriel.

Enfin, dans cette phrase, *la plupart furent du même avis* ; le verbe *furent* est à la troisième personne du pluriel, parce que son nominatif, qui est la *plupart*, quoiqu'au singulier, exprime plusieurs personnes.

D. *Quand un verbe a plusieurs nominatifs de différentes personnes, en quelle personne doit-on le mettre* ?

R. On doit le mettre à la personne la plus noble. La première personne est plus noble que les autres, et la seconde est plus noble que la troisième. Ainsi, il faut dire pour cette raison, *vous et votre frère* AVEZ ÉTÉ *les plus sages ; vous, ma sœur et moi*, IRONS *ensemble à la campagne.*

III. *Observations sur le Régime.*

D. *Qu'est-ce que gouvernent les verbes* ?

R. Les verbes actifs gouvernent l'accusatif ; les verbes passifs gouvernent l'ablatif, ou la préposition *par*, suivie d'un accusatif ; les verbes neutres ou impersonnels, ou ne gouvernent rien, ou gouvernent quelquefois le datif, et quelquefois l'ablatif.

D. *Les verbes actifs ne gouvernent-ils jamais que l'accusatif ?*

R. Il y en a quelques-uns qui gouvernent encore un datif ou un ablatif avec l'accusatif; comme quand on dit, *donner quelque chose à quelqu'un, recevoir quelque chose de quelqu'un.*

D. *Qu'est-ce que gouvernent les verbes réfléchis ?*

R. 1.º Il y en a qui ont le pronom conjonctif pour régime absolu à l'accusatif, et quelquefois encore un régime relatif au datif ou à l'ablatif; comme quand on dit, *je me donne à la vertu, je me sépare de vous,* c'est-à-dire, *je donne moi à la vertu, je sépare moi de vous.*

2.º Il y en a qui ont le pronom conjonctif pour régime relatif au datif, et qui ont encore ordinairement un régime absolu à l'accusatif; comme quand on dit, *je me donne un habit,* c'est-à-dire, *je donne à moi un habit.*

3.º Il y en a d'autres où le pronom conjonctif ne tient proprement lieu d'aucun régime, quoiqu'on le regarde comme étant à l'accusatif, et qui gouvernent quelquefois un autre nom au datif ou à l'ablatif; comme quand on dit, *je me meurs, je me plais au jeu, je me repens de ma faute;* on ne peut pas tourner, *je meurs moi,* ni *je plais moi au jeu,* ni *je repens moi de ma faute.*

D. *Les verbes n'ont-ils jamais pour régimes que des noms ou pronoms ?*

R. Ils ont encore souvent d'autres verbes

à l'infinitif, sans articles s'ils sont régimes absolus, ou précédés des articles *à* et *de*, s'ils sont régimes relatifs ; comme quand on dit, *je veux étudier, je m'occupe à étudier, je m'ennuie d'étudier.*

Il y a plusieurs verbes dont le régime absolu est exprimé par un verbe à quelqu'un des temps de l'indicatif ou du subjonctif, et précédé de la conjonction *que.* Ainsi, dans ces deux phrases, *je crois que vous travaillez, je crains que Dieu ne me punisse* ; le régime absolu du verbe *je crois* est exprimé par *que vous travaillez* ; et le régime absolu du verbe *je crains* est exprimé par *que Dieu ne me punisse.*

D. *N'y a-t-il que les verbes qui aient un régime ?*

R. 1.º Les noms substantifs gouvernent souvent d'autres noms substantifs au génitif ; comme quand on dit, *la bonté de Dieu, la lumière du soleil, les vérités de la religion*, etc.

2.º Il y a des noms adjectifs qui ont pour régime des noms substantifs au génitif, au datif ou à l'ablatif ; comme quand on dit, *jaloux de sa gloire, convenable à mon dessein, dépendant de Dieu.*

3.º Toutes les prépositions gouvernent, comme nous avons dit, le génitif ou l'ablatif, le datif ou l'accusatif ; comme quand on dit, *à l'abri de la pluie, auprès du Roi, jusqu'à Rome, pour la gloire*, etc.

D. *Comment trouve-t-on le régime d'un verbe, d'un nom, ou d'une préposition ?*

R. 1.º On trouve le régime absolu d'un verbe actif, ou d'une préposition qui gouverne l'accusatif, en mettant *quoi*? ou *qui*? en interrogation après le verbe ou la préposition. Ainsi, dans cette phrase, *demandons à Dieu les graces nécessaires pour notre sanctification*; en mettant *quoi*? après *demandons* et après *pour*, on trouve que *les graces* est le régime de l'un, et que *notre sanctification* est le régime de l'autre.

2.º On trouve le régime relatif au génitif, à l'ablatif ou au datif, des verbes, des noms et des prépositions, en mettant après une interrogation, *de quoi* ou *de qui*? *à quoi* ou *à qui*? Ainsi, dans ces phrases, *offrons toutes nos actions à Dieu*; *j'ai obtenu une grace du Roi*; *les ouvrages de Cicéron*; *près de la ville*, on trouve les régimes relatifs, en disant, *offrons*; *à qui*? *à Dieu. J'ai obtenu*; *de qui*? *du Roi. Les ouvrages*; *de qui*? *de Cicéron. Près*; *de quoi*? *de la ville.*

3.º On trouvera de même le régime des verbes passifs, en mettant après, *par qui*, *de qui* ou *de quoi*? *J'ai été maltraité*; *par qui*? *par mon frère. Je suis connu*; *de qui*? *du Roi. Le verbe est suivi*; *de quoi*? *de son régime.*

IV. *Observations sur les Articles.*

D. Le, la, les *sont-ils toujours articles*?

R. *Le, la, les* ne sont articles, que quand ils sont mis avant des noms au nominatif ou à l'accusatif, comme quand on dit, *le Prince, la table, les livres.*

Mais *le, la, les* sont pronoms conjonctifs, quand ils sont joints à des verbes dont ils sont régimes absolus, et qu'on ne peut les tourner par l'accusatif des pronoms personnels; comme quand on dit, *je les connois, je la vois, je les estime*, c'est-à-dire, *je connois lui, je vois elle, j'estime eux* ou *elles*.

D. *Comment connoît-on qu'un nom sans article ou précédé des articles* le, la, les, *est au nominatif ou à l'accusatif?*

R. Un nom sans article, ou précédé des articles *le, la, les*, est au nominatif, quand il est sujet au nominatif du verbe; comme quand on dit, *Dieu est juste; le temps perdu ne se répare pas; la mort nous surprend; les pécheurs seront punis*, etc.

Un nom sans article, ou précédé des articles *le, la, les*, est à l'accusatif, quand il est régime absolu d'un verbe ou d'une préposition; comme quand on dit, *il faut aimer Dieu; ne perdons pas le temps; pratiquons la vertu; cultivons les sciences; vivons selon l'Évangile*, etc.

D. *Comment peut-on connoître si un nom précédé des articles* du, de la, des, de, *est au génitif ou à l'ablatif?*

R. Un nom précédé des articles *du, de la, des, de*, est généralement au génitif, quand il est gouverné par un nom; comme quand on dit, *l'horreur du vice; l'amour de la vertu; l'utilité des sciences; la crainte de Dieu*, etc.

Un nom précédé des articles, *du, de la, des, de*, est généralement à l'ablatif, quand il est gouverné par un verbe ou par une préposition simple; comme quand on dit, *nous dépendons du Roi; je suis édifié de votre conduite; loin de la rivière*, etc.

D. *Comment connoît-on quand* du, de la, des, de, *sont génitifs ou ablatifs des articles définis et indéfinis, et quand ils sont nominatifs ou accusatifs des articles partitifs?*

R. *Du, de la, des, de,* sont génitifs ou ablatifs des articles définis ou indéfinis, quand les noms qu'ils précèdent sont régimes relatifs d'un nom, d'un verbe ou d'une préposition.

Mais *du, de la, des, de,* sont nominatifs du accusatifs des articles partitifs, quand les noms qu'ils précèdent sont nominatifs d'un verbe, ou régimes absolus d'un verbe actif, ou d'une préposition qui gouverne l'accusatif; comme dans ces exemples, *du pain me suffit; j'ai lu de bons livres; on trouve rarement de jeunes gens sages; Dieu forma l'homme avec de la terre.*

V. *Observations sur les Pronoms.*

D. Nous, vous *et* lui, *sont-ils toujours pronoms personnels?*

R. *Nous, vous* et *lui,* sont pronoms personnels, lorsqu'ils sont précédés des articles *à* et *de,* et lorsqu'étant sans articles, ils sont nominatifs d'un verbe ou régimes d'une préposition; comme dans ces exemples, *il s'adresse à nous; je me plains de vous; fiez-vous à lui; nous étudions; vous travaillez; contre nous; avec vous; pour lui,* etc.

Nous, vous et *lui,* sont pronoms conjonctifs, lorsqu'étant sans articles, ils sont régimes absolus ou relatifs de quelques verbes, et tiennent lieu des pronoms personnels au datif ou à l'accusatif ; comme dans ces exemples, *l'étude nous est utile* ; *je vous estime* ; *ce livre lui plaît*, c'est-à-dire, *l'étude est utile à nous* ; *j'estime vous* ; *ce livre plaît à lui* ou *à elle*, etc.

D. *En et* y *sont-ils toujours pronoms conjonctifs ?*

R. 1.° *En* est pronom conjonctif, quand il tient lieu d'un pronom personnel ou de quelque nom au génitif ou à l'ablatif ; comme quand on dit, *je vous en parle*, c'est-à-dire, *je vous parle de lui* ou *d'elle* ; *de cela* ou *de cette chose*. Mais *en* est préposition, quand il ne tient lieu d'aucun nom ou pronom, et qu'il est avant un nom ou un pronom qu'il gouverne, comme dans ces exemples, *j'ai confiance en Dieu* ; *j'irai en Italie*.

2.° *Y* est pronom conjonctif, quand il tient lieu de quelque nom au datif ; comme quand on dit, *je m'y applique*, c'est-à-dire, *je m'applique à cela* ou *à cette chose*. Mais il est adverbe de lieu quand il répond à la question *où ?* et qu'on peut le tourner par les mots, *en ce lieu*, ou par l'adverbe *là* ; comme dans ces exemples, *nous y sommes*, *vous y allez*, c'est-à-dire, *nous sommes restés là* ou *en ce lieu* ; *vous allez là* ou *en ce lieu*.

D. *En quelles occasions* leur *est-il pronom conjonctif ou possessif ?*

R. *Leur*, est pronom conjonctif, lorsqu'étant sans article, il est joint à un verbe dont il exprime le régime relatif au datif, et qu'il peut se tourner par *à eux* ou *à elles*, ou par quelque nom au datif pluriel, et alors il est indéclinable ; comme quand on dit , *je leur offre mon amitié* , c'est-à-dire , *j'offre mon amitié à eux* ou *à elles.*

Leur est pronom possessif absolu, quand il est avant un nom ; comme *leur livre, leur maison ;* et il est pronom possessif relatif, lorsque n'étant pas suivi d'un nom , il est précédé d'un article défini , comme *le leur, la leur, du leur, de la leur ,* etc. ; et dans ces deux cas il est déclinable, prenant une *s* au pluriel.

D. *Comment peut-on trouver l'antécédent d'un pronom relatif ?*

R. En le retournant par *lequel, laquelle, duquel, de laquelle, etc.* , selon le cas où il est , et en y joignant un nom exprimé auparavant, avec lequel il puisse faire un sens raisonnable. Ainsi , dans cette phrase, *songeons à apaiser la colère de Dieu, dont nous devons craindre les effets ;* on trouve que c'est la *colère,* et non pas *Dieu,* qui est l'antécédent de *dont,* parce que l'on peut dire , *songeons à apaiser la colère de Dieu, de laquelle colère nous devons craindre les effets* , et qu'on ne pourroit pas dire, *duquel Dieu nous devons craindre les effets.*

D. *L'antécédent du relatif est-il toujours exprimé par un nom ?*

R. Il est souvent exprimé par un pronom ; et quand ce sont les pronoms démonstratifs *celui, ceux* ou *ce,* s'ils n'on rapport à aucun nom déjà exprimé , on peut tourner *celui* par *l'homme, ceux* par *les hommes,* et *ce* par *la chose* ou *les choses ;* comme quand on dit , *celui qui craint Dieu ; ceux qui méprisent les* richesses ; *ce que je vous prédis*, c'est-à-dire, *l'homme qui craint Dieu* ; *les hommes qui méprisent les richesses, la chose* ou *les choses que je vous prédis.*

D. *Comment s'accorde le relatif avec son antécédent ?*

R. En genre, en nombre et en personne, c'est-à-dire, que le relatif doit être au même genre, au même nombre, et de la même personne que son antécédent. Ainsi, dans *moi qui aime l'étude ; qui* est au masculin ou au féminin, suivant la peronne qui parle, au singulier de la première personne, comme son antécédent, *moi* : dans *vous qui perdez votre temps ; qui* est au masculin ou au féminin, au singulier ou au pluriel, suivant le genre et le nombre des personnes à qui on parle, et de la seconde personne, comme son antécédent, *vous* : dans *les écoliers qui étudient la langue françoise* ; *qui* est au masculin, au pluriel, et de la troisième personne, comme son antécédent, *les écoliers.*

D. *D'où dépend le cas d'un pronom relatif ?*

R. Il dépend ordinairement d'un verbe ou d'un nom suivant.

D. *Comment peut-on trouver en quel cas est le pronom relatif, et par quel verbe ou par quel nom il est gouverné ?*

R. En mettant l'antécédent à la place du pronom relatif, et en transportant cet antécédent, s'il n'est pas nominatif d'un verbe, après un verbe ou après un nom à la suite duquel il puisse faire un sens raisonnable. Ainsi, dans *Dieu de qui nous avons reçu tant de bienfaits* ; *de qui* est à l'ablatif, et régime relatif du verbe *avons reçu*, parce que l'on dit, *nous avons reçu tant de bienfaits de Dieu:* dans, *Cicéron dont on admire l'éloquence; dont* est au génitif, gouverné par le substantif *éloquence*, parce qu'on dit, *on admire l'éloquence de Cicéron.*

D. *En quel cas sont ou peuvent être chacun des pronoms relatifs?*

R. *Qui* au singulier et au pluriel, est toujours nominatif du verbe suivant, s'il n'est pas à la suite et régime d'une préposition: comme dans, *le maître qui enseigne; les écoliers qui écoutent*, etc.

Que est toujours à l'accusatif singulier ou pluriel, et régime absolu du verbe suivant; comme dans, *Dieu que j'aime, les vertus que j'admire*, etc.

Duquel, de laquelle, de qui, dont, sont au génitif ou à l'ablatif.

Ils sont au génitif, quand ils sont gouvernés par un nom substantif suivant; comme dans, *Alexandre de qui le courage est connu*, ou *Alexandre dont on connoît le courage.*

Ils sont à l'ablatif, quand ils sont gouvernés par un verbe suivant; comme dans, *le Roi de qui j'attends une grâce; les exemples dont il faut profiter*, etc.

Auquel, à laquelle, à qui et *à quoi*, sont toujours au datif, gouvernés par un verbe ou par un nom adjectif suivant; comme dans, *la science à laquelle je m'applique; les écoliers à qui les punitions sont nécessaires; les dangers à quoi on s'expose*, etc.

VI. *Observations sur les Participes.*

D. *Qu'entend-on quand on dit que les participes sont déclinables ou indéclinables ?*

R. Quand 'on dit que les participes sont déclinables, on entend qu'ils changent de terminaison, pour s'accorder avec les noms ou pronoms auxquels ils se rapportent, c'est-à-dire, qu'ils prennent, comme les noms adjectifs, un *e* muet pour s'accorder avec un nom féminin, et une *s* pour s'accorder avec un pluriel.

Et quand on dit que les participes sont indéclinables, on entend qu'ils ne changent pas de terminaison, de quelque genre et de quelque nombre que soit le nom auquel ils pourroient se rapporter.

D. *Cette variation de terminaison convient-elle aux participes actifs en* ant?

R. Non ; ils sont toujours indéclinables, aussi-bien que les gérondifs, comme on l'a vu page 92.

D. *Que faut-il observer à l'égard des participes passifs ?*

R. Il faut observer qu'ils sont quelquefois indéclinables, et quelquefois déclinables.

D. *En quelles occasions les participes passifs sont-ils déclinables* ou *indéclinables ?*

R. Les participes passifs sont indéclinables, quand ils forment avec l'auxiliaire *avoir*, les temps composés d'un verbe neutre, ou d'un verbe actif qui n'est pas précédé de son régime absolu, et quand ils forment, avec l'auxiliaire *être*, les temps composés d'un verbe réfléchi suivi de son régime absolu. Ainsi, dans ces exemples, *j'ai dormi, nous avons dormi ; j'ai écrit une lettre, nous avons écrit une lettre ; nous nous sommes donné des livres ; dormi, écrit* et *donné* ne changent pas de terminaison, quoique les verbes soient au singulier et au pluriel, et que la *lettre* soit au féminin, et *livres* au pluriel.

Hors de ces deux cas, les participes passifs sont ordinairement déclinables.

D. *Quand les participes passifs sont déclinables, avec quoi les fait-on accorder ?*

R. On les fait accorder, ou avec un nom substantif, ou avec le nominatif du verbe, ou avec le régime absolu du verbe.

D. *En quelle occasion fait-on accorder les participes passifs avec un nom substantif ?*

R. Quand ils ne forment aucun temps composé du verbe, et qu'ils sont seulement employés comme adjectifs d'un nom substantif, comme quand on dit, *un ouvrage achevé, une maison achevée ; des ouvrages achevés, des maisons achevées.*

D. *En quelle occasion les participes passifs s'accordent-ils avec les nominatifs du verbe ?*

R. Quand ils forment avec l'auxiliaire *être,* les temps composés d'un verbe qui n'a pas de régime absolu ; comme dans ces exemples, *mon frère est tombé, ma sœur est tombée ; mes frères sont tombés, mes sœurs sont tombées ; mon frère a été puni, ma sœur a été punie ; mes frères ont été punis, mes sœurs ont été punies.*

D. *En quelle occasion les participes passifs s'accordent-ils avec le régime absolu du verbe ?*

R. Quand ils forment avec l'auxiliaire *avoir* ou *être*, les temps composés d'un verbe précédé de son régime absolu ; ce qui arrive principalement toutes les fois que ce régime absolu est exprimé par un pronom conjonctif, relatif ou absolu ; comme quand on dit, *cette maison est à moi, je l'ai achetée ; je vous rend vos livres, je les ai lus ; les lettres que j'ai écrites ; les meubles que je me suis donnés ; quels ennemis ne me suis-je pas faits ?* etc.

VII. *Observations sur les Adverbes, les Prépositions et les Conjonctions.*

D. En quoi les adverbes, les prépositions et les conjonctions sont-ils différents des autres parties du discours ?

R. En ce qu'ils sont indéclinables, et qu'ils ne sont susceptibles d'aucun changement. Ainsi, on ne peut ni les décliner comme les noms, ni les conjuguer comme les verbes.

D. Comment peut-on connoître qu'un mot indéclinable est un adverbe, plutôt qu'une préposition ou une conjonction ?

R. Tout mot indéclinable est adverbe, lorsqu'il exprime quelque circonstance d'un verbe, qu'il peut se mettre après le verbe, ou qu'il répond à quelqu'une des questions ; *quand ? où ? combien ? comment ?* tels que sont, *presque, aujourd'hui, ici, beaucoup, bien,* etc.

D. Comment distingue-t-on une préposition d'un adverbe ou d'une conjonction ?

R. Un mot indéclinable est préposition,

quand on peut mettre après en interrogation, *qui* ou *quoi*, *de qui* ou *de quoi*, *à qui* ou *à quoi*; ce qu'on ne peut pas faire à l'égard des adverbes ou des conjonctions. Ainsi , *auprès*, *jusque*, *avec* et *sur*, sont des prépositions, parce qu'on peut demander , *auprès de qui ?* *jusqu'à quoi ? avec qui ? sur quoi ?*

D. *Comment distingue-t-on une conjonction d'un verbe ou d'une préposition ?*

R. Un mot indéclinable est conjonction , quand il ne peut se mettre avec un verbe, ou qu'il sert à lier une phrase avec une autre, un verbe avec un autre , un nom avec un autre, ou un adverbe avec un autre, etc. , tels que sont , *mais, car, et, ou, etc.*

PRINCIPES

DE L'ORTHOGRAPHE

FRANÇOISE.

DE L'ORTHOGRAPHE.

DEMANDE. *QU'EST-CE que l'orthographe ?*

RÉPONSE. C'est la manière d'écrire correctement tous les mots d'une langue.

D. *Qu'entendez-vous par écrire correctement ?*

R. J'entends se servir, en écrivant, de toutes les lettres et figures que l'usage prescrit.

D. *Comment divise-t-on l'orthographe.*

R. - En orthographe de principes et en orthographe d'usage.

D. *Qu'entendez-vous par orthographe de principes ?*

R. J'entends celle qui est fondée sur les rincipes mêmes de la langue, et qu'on ne eut apprendre que par une étude particulière de la Grammaire Françoise, où ces rincipes sont renfermés.

D. *Qu'a-t-on expliqué dans cet Abrégé qui uisse en donner connoissance ?*

R. Les différentes terminaisons des noms, ar rapport aux genres et aux nombres,

F

et des verbes par rapport aux temps et aux personnes , et chaque partie du discours.

D. *Qu'entendez - vous par* orthographe d'usage ?

R. J'entends cette orthographe suivant laquelle les syllabes des mots s'écrivent plutôt d'une manière que d'une autre, sans autre raison que celle de l'usage et de l'étymologie.

D. *Comment apprend-on cette orthographe ?*

R. Par la lecture des Dictionnaires et des bons livres.

D. *Ne peut-on par diviser cette orthographe d'usage ?*

R. Oui ; on peut la diviser en orthographe ancienne et en orthographe nouvelle.

D. *Qu'est-ce que l'orthographe ancienne ?*

R. C'est l'orthographe des Auteurs qui veulent conserver l'ancien usage, principalement pour ne pas perdre la connoissance des étymologies, qui font voir de quels mots latins ou grecs viennent certains mots françois.

D. *Qu'est-ce que l'orthographe nouvelle ?*

R. C'est celle des Auteurs qui retranchent les syllabes des lettres qui ne se prononcent point, et cela pour rendre, autant qu'il est possible, l'orthographe conforme à la prononciation.

D. *Laquelle doit - on suivre de ces deux orthographes ?*

R. L'orthographe nouvelle est la plus aisée, la plus naturelle, et même plus commune à présent que l'orthographe ancienne , et par conséquent plus conforme à l'usage.

Des figures qu'admet l'orthographe, indépendamment des lettres.

D. Quelles sont les figures que l'on emploie encore en écrivant ?

R. L'apostrophe ('), le tiret ou trait d'union (-), les deux points sur une voyelle (··), la cédille (ɔ), la parenthèse ( ), les guillemets (»), les lettres capitales, les accents, la ponctuation, l'alinea.

De l'Apostrophe.

D. Quel est l'usage de l'apostrophe ?

R. L'apostrophe marque une élision, c'est-à-dire, la suppression d'une voyelle finale, et elle se place au haut de la lettre qui précède la lettre supprimée.

D. Quand est-ce que se fait l'élision d'une voyelle finale ?

R. L'élision d'une voyelle finalle se fait ordinairement quand le mot suivant commence par une voyelle, ou par une *h* non aspirée. Ainsi, on dit *j'aime*, au lieu de *je aime*; *s'il vient*, et non pas, *si il vient*; *l'harmonie*, *l'homme*, pour *la harmonie, le homme*, etc.

Du Tiret.

D. A quoi sert le tiret ?

R. Le tiret sert à joindre deux mots pour les prononcer comme s'il n'y en avoit qu'un; c'est aussi pour cela qu'on l'appelle *trait d'union*. Exemples : *peut-être*, *quelques-uns*, *etc*.

D. *Où est-ce qu'on le met communément ?*

R. Entre le *t* d'un verbe interrogatif et les pronoms personnels *il*, *elle*, *on* ; comme, *vient-il*, *lit-elle*, *dit-on ?* Quand le *t* est détaché du verbe, et qu'il n'est ajouté que pour éviter le bâillement, on le met entre deux tirets ; comme, *viendra-t-elle ? crie-t-elle ?*

D. *N'y a-t-il point d'autre usage ?*

R. On s'en sert encore à la fin d'une ligne, lorsqu'on est obligé de transporter le reste d'un mot à la ligne suivante.

Des deux Points sur une voyelle.

D. *Quel est l'usage des deux points sur une voyelle ?*

R. Les deux points sur une voyelle marquent que cette voyelle ne fait pas une même syllabe avec la voyelle qui la précède immédiatement.

D. *Donnez-en des exemples ?*

R. Dans *Saül*, *Moïse*, *aiguë*, on met les deux points sur l'*ü*, l'*ï* et l'*ë*, afin qu'on ne prononce pas *Saül* comme *Paul* ; les deux premières syllabes de *Moïse*, comme la première de *moisi*, et les dernières d'*aiguë*, comme les dernières de *langue*, *fatigue*.

De la Cédille.

D. *A quoi sert la Cédille ?*

R. La cédille, qui est une espèce de virgule ou de petit c retourné, se met sous le *ç* pour lui donner, avant l'*a*, l'*o* et l'*u*, le même son qu'il a avant l'*e* et l'*i*, c'est-à-dire, le même son de l'*s*.

D. *Donnez-en quelques exemples ?*

R. Dans *il commença, leçon, avançons, il conçût, reçûmes*, on met sous le *c* une cédille pour marquer qu'ils se prononcent comme si l'on écrivoit, *il commensa, leson, avansons, il consut, resûmes, etc.*

De la Parenthèse.

D. *Qu'est-ce que la parenthèse ?*

R. Ce sont deux espèces de crochets qui renferment un petit nombre de paroles qu'on insère dans le discours, qui interrompent le sens, et qu'on croit nécessaires pour l'intelligence de la phrase.

D. *Donnez-en un exemple ?*

R. Que peuvent contre lui (*contre Dieu*) tous les rois de la terre ?

Des Guillemets.

D. *Qu'est-ce que les guillemets ou guimets ?*

R. Ce sont de petites virgules doubles (») qu'on met en marge à côté d'un discours, pour marquer que ce discours est d'un autre Auteur.

De l'Alinéa.

D. *Qu'est-ce que écrire en aliéna ?*

R. C'est recommencer une nouvelle ligne, quoique la précédente ne soit pas entièrement remplie.

D. *Quand est-ce que l'on doit écrire en alinéa?*

R. On le fait toutes les fois que ce que l'on a à écrire n'a pas une liaison prochaine et immédiate avec ce que l'on a déjà écrit.

Des Lettres Capitales.

D. *Qu'appelle-t-on lettres capitales ou majuscules ?*

R. Ce sont les grandes lettres.

D. *Où se mettent-elles ?*

R. Au commencement des noms propres, *de Dieu, d'anges, d'hommes, de royaumes, de provinces, villes, bourgs, villages, châteaux, mers, rivières, tribunaux et jurisdictions.*

D. *Ne les met-on pas aussi au commencement des noms de dignité et de qualité?*

R. Oui, lorsqu'on en fait l'application à quelque sujet particulier.

D. *Donnez-en des exemples ?*

R. Quand je dis *le Roi*, c'est-à-dire, *le roi de France*, le mot *Roi* s'écrit avec une capitale ; mais ce même mot, pris dans un sens général, s'écrit avec une petite lettre, comme dans cet exemple : *un roi sage et pieux fait le bonheur de ses sujets ;* il en est de même des autres noms de dignités et qualités.

D. *Ne s'en sert-on pas encore ailleurs ?*

R. Oui, au commencement des noms de *sciences, d'arts* et de *professions,* quand ils sont le principal sujet du discours ; et enfin, au commencement du premier mot d'un discours, d'une phrase et d'un vers, pour y mettre plus de distinction et de netteté.

Des Accents.

D: *Qu'entendez-vous par accent ?*

R. J'entends une certaine marque qu'on met sur les voyelles pour les faire prononcer d'un ton plus fort ou plus foible. Le nombre des accents et leur principal usage se trouvent au chapitre premier de l'Abrégé ci-devant.

D. *Ne met-on point l'accent grave pour les e ouverts, lorsqu'ils se trouvent à la fin des mots qui sont suivis d'une s ?*

R. On emploie l'accent grave sur *a* lorsqu'il est article, pour le distinguer de l'*a* verbe ; sur l'*a* adverbe, pour le distinguer de l'*a* article ou pronom ; sur *où* adverbe, pour le distinguer de *ou* conjonction, etc.

D. *Ne met-on l'accent circonflexe que sur les voyelles longues ?*

R. On le met aussi sur certains mots pour prévenir quelques époques, comme dans *dû*, participe du verbe *devoir*, pour le distinguer de *du* article ; dans *crû*, participe du verbe *croître*, pour le distinguer de *cru*, participe du verbe *croire* ; dans *sûr*, adjectif, pour le distinguer de *sur*, préposition, etc.

D. *Tous les e ouverts doivent-ils être marqués de l'accent grave, les e fermés de l'accent aigu, et toutes les voyelles longues de l'accent circonflexe ?*

R. Non ; on pourroit donner là-dessus quelques règles générales, mais elles sont sujettes à tant d'exceptions, que la meilleure règle, à cet égard, est l'usage et l'exemple des Auteurs qui écrivent correctement.

De la Ponctuation.

D. *Qu'est-ce que la ponctuation ?*

R. C'est la manière de marquer en écrivant, les endroits d'un discours où l'on doit s'arrêter, pour en distinguer les parties, et pour reprendre haleine en lisant.

D. *De quels signes se sert-on pour cela ?*

R. On se sert de la virgule (,), du point avec la virgule (;), des deux points (:), du point (.), du point interrogatif (?), et du point admiratif (!).

D. *Que faut-il savoir pour bien entendre la ponctuation ?*

R. Il faut savoir ce que c'est que phrase et période.

D. *Qu'est-ce qu'une phrase ?*

R. C'est un assemblage de mots où se trouvent un ou plusieurs noms qui expriment un ou plusieurs sujets dont on parle, et un ou plusieurs verbes qui expriment ce qu'on en affirme.

D. *Qu'est-ce qu'une période ?*

R. C'est un assemblage de plusieurs phrases dépendantes les unes des autres, et liées par des conjonctions pour faire un sens complet.

D. *Quel est l'usage de la virgule ?*

R. Elle s'emploie après les noms, les verbes, les adverbes, et après les différentes parties d'une phrase ou d'une période qui ne sont pas nécessairement jointes ensemble, et où l'on peut naturellement reprendre haleine, quoique le sens ne soit pas fini, comme on le voit dans ces phrases :

La grammaire, la géographie, l'histoire, la musique sont des sciences et des arts qu'il convient aux dames d'étudier.

Quand on veut obtenir quelque faveur, il faut courir, briguer, flatter, et faire souvent mille bassesses.

Un discours doit être prononcé clairement, distinctement, noblement et vivement.

D. *Quel est l'usage du point avec la virgule ?*

R. C'est de marquer un sens plus complet que la virgule. Exemple : *Un prince qui apprenoit à jouer des instrumens, ayant touché une corde pour une autre, et se formalisant de ce que son maître l'en reprenoit; si c'est comme roi, répondit le maître, vous avez droit de le faire; si c'est comme musicien, vous faites mal ?*

D. *Quel est l'usage des deux points ?*

R. Ils servent à marquer le milieu de la période, ou un sens plus complet que le point avec la virgule. Exemple : *Roscius est un si excellent auteur, qu'il paroît seul digne de monter sur le théâtre ; mais, d'un autre côté, il est si homme de bien, qu'il paroît seul digne de n'y monter jamais.*

D. *Quel est l'usage du point ?*

R. On le met à la fin d'une phrase ou d'une période dont le sens est absolument fini, c'est-à-dire, lorsque ce qui la suit en est tout-à-fait indépendant. Les phrases précédentes peuvent servir d'exemples.

D. *Quel est l'usage du point interrogatif et du point admiratif ?*

F 5

R. Le point interrogatif se met à la fin des phrases qui expriment une interrogation. Exemple : *Qui fit jamais de si grandes choses? Qui les dit avec plus de retenue? Où allez-vous? Qui a fait cela? etc.*

Le point admiratif se met à la fin des phrases qui expriment une admiration ou une exclamation. Exemple : *Qu'il est difficile d'être victorieux et humble tout ensemble! Hé, mon Dieu! etc.*

ABRÉGÉ

DES PRINCIPES

DE LA LANGUE

FRANÇOISE,

CONTENANT *les définitions de ses dix espèces de mots, connoissance nécessaire pour l'orthographe, et pour l'intelligence des règles de la syntaxe.*

LA Grammaire est l'art d'enseigner méthodiquement tout ce que l'usage a introduit et autorisé dans une langue, soit pour la parler, soit pour l'écrire correctement.

Une langue est une manière de parler commune à tout un peuple, ou l'usage particulier d'une nation entière dans la composition et l'arrangement des mots pour exprimer la pensée.

La langue françoise comprend dix sortes de mots, que la Grammaire nomme le *substantif*, l'*article*, le *pronom*, l'*adjectif*, le *verbe*, l'*adverbe*, la *préposition*, la *conjonction*, les *nombres* et les *particules*.

On a inventé, pour peindre les mots, des caractères que l'on appelle *lettres*. Il y en a

F 6

vingt-cinq, qui sont : a , b , c , d , e , f , g , h , i , k , l , m , n , o , p , q , r , s , t, u, x, y , z , v , j.

On distingue ces lettres en voyelles et consonnes. Les voyelles servent à représenter les sons, c'est-à-dire, cette impulsion de voix sans aucun mouvement, ni de la langue, ni des lèvres , ni des dents.

Les consonnes servent à représenter les articulations, c'est-à-dire, les différens mouvemens de la langue, des lèvres et des dents, par le moyen desquels on varie les sons pour former les mots, et de ces mots le discours. Ces lettres servent à peindre les syllabes, les syllabes servent à composer les mots, des mots on en forme les phrases , et des phrases on en construit le discours.

Définitions des dix espèces de mots.

Premièrement du Substantif.

On appelle *substantifs* tous les mots qui servent à dénommer simplement les sujets dont on peut parler , ou à les distinguer les uns des autres par des noms convenables, et représentent aussi celui auquel s'applique et se rapporte tout ce qui est exprimé par les autres espèces de mots.

De l'Article.

L'*article* est un mot établi pour annoncer et particulariser le *substantif*.

Du Pronom.

Le *pronom* est un mot qui figure dans le discours à la place du *substantif*, pour en éviter la répétition, qui seroit ennuyeuse.

De l'Adjectif.

L'*adjectif* est un mot qui marque généralement toutes les manières d'être du *substantif*, ou ses qualités.

Du Verbe.

Le *verbe* est un mot destiné à marquer les événemens ou les actions du *substantif*.

Comme les actions tiennent à une infinité de circonstances, l'usage a établi un moyen pour les exprimer conjointement avec l'action, par divers changemens de terminaisons dans le *verbe*.

L'ordre que la Grammaire a donné à ces différentes terminaisons, s'appelle *conjugaison*.

Voici les exemples de cet ordre, qu'il est nécessaire qu'un écolier sache, afin de faciliter l'intelligence des leçons qui lui seront données pour apprendre à conjuguer toutes sortes de verbes.

CONJUGAISON

Des Verbes ÊTRE, AVOIR *et* FRAPPER.

MODE INDÉFINI.

1. *Tems.* Être, avoir, frapp.. er.
2. *Tems.* Été, eu, frapp.. é.
3. *Tems.* Étant, ayant, frapp.. ant.
4. *Tems.* Ayant été, ayant eu, ayant frapp.. é.
5. *Tems.* Avoir été, avoir eu, avoir frapp.. é.

MODE ADAPTIF.

1. TEMS.   *Singulier.*

1. *Pers.* Je suis, j'ai, je frapp.. e.
2. *Pers.* Tu es, tu as, tu frapp.. es.
3. *Pers.* Il est, il a, il frapp.. e.

Pluriel.

1. *Pers.* Nous sommes, nous avons, nous frapp.. ons.
2. *Pers.* Vous êtes, vous avez, vous frapp.. ez.
3. *Pers.* Ils sont, ils ont, ils frapp.. ent.

2. TEMS.   *Singulier.*

1. *Pers.* J'étois, j'avois, je frapp.. ois.
2. *Pers.* Tu étois, tu avois, tu frapp.. ois.
3. *Pers.* Il étoit, il avoit, il frapp.. oit.

Pluriel.

1. *Pers.* Nous étions, nous avions, nous frapp.. ions.
2. *Pers.* Vous étiez, vous aviez, vous frapp.. iez.
3. *Pers.* Ils étoient, ils avoient, ils frapp.. oient.

3. T E M S.   Singulier.

1. *Pers.* J'ai été, j'ai eu, j'ai frapp.. *é*
2. *Pers.* Tu as été, tu as eu, tu as frapp.. *é.*
3. *Pers.* Il a été, il a eu, il a frappé... *é.*

Pluriel.

1. *Pers.* Nous avons été, nous avons eu, nous avons frapp.. *é.*
2. *Pers.* Vous avez été, vous avez eu, vous avez frapp.. *é.*
3. *Pers.* Ils ont été, ils ont eu, ils ont frapp.. *é.*

4. T E M S.   Singulier.

1. *Pers.* J'avois été, j'avois eu, j'avois frapp.. *é.*
2. *Pers.* Tu avois été, tu avois eu, tu avois frapp.. *é.*
3. *Pers.* Il avoit été, il avoit eu, il avoit frapp.. *é.*

Pluriel.

1. *Pers.* Nous avions été, nous avions eu, nous avions frapp.. *é.*
2. *Pers.* Vous aviez été, vous aviez eu, vous aviez frapp.. *é.*
3. *Pers.* Ils avoient été, ils avoient eu, ils avoient frapp.. *é.*

5. T E M S.   Singulier.

1. *Pers.* Je fus, j'eus, je frapp.. *ai.*
2. *Pers.* Tu fus, tu eus, tu frapp.. *as.*
3. *Pers.* Il fut, il eut, il frapp.. *a.*

Pluriel.

1. *Pers.* Nous fûmes, nous eûmes, nous frapp.. *âmes.*
2. *Pers.* Vous fûtes, vous eûtes, vous frapp.. *âtes.*
3. *Pers.* Ils furent, ils eurent, ils frapp.. *èrent.*

6. T E M S.   *Singulier.*

1. *Pers.* J'eus été, j'eus eu, j'eus frapp.. é.
2. *Pers.* Tu eus été, tu eus eu, tu eus frapp.. é.
3. *Pers.* Il eut été, il eut eu, il eut frapp.. é.

Pluriel.

1. *Pers.* Nous eûmes été, nous eûmes eu, nous eûmes frapp.. é.
2. *Pers.* Vous eûtes été, vous eûtes eu, vous eûtes frapp.. é.
3. *Pers.* Ils eurent été, ils eurent eu, ils eurent frapp.. é.

7. T E M S.   *Singulier.*

1. *Pers.* Je serai, j'aurai, je frapp.. er*ai*.
2. *Pers.* Tu seras, tu auras, tu frapp.. er*as*.
3. *Pers.* Il sera, il aura, il frapp.. er*a*.

Pluriel.

1. *Pers.* Nous serons, nous aurons, nous frapp.. er*ons*.
2. *Pers.* Vous serez, vous aurez, vous frapp.. er*ez*.
3. *Pers.* Ils seront, ils auront, ils frapp.. er*ont*.

8. T E M S.   *Singulier.*

1. *Pers.* J'aurai été, j'aurai eu, j'aurai frapp.. é.
2. *Pers.* Tu auras été, tu auras eu, tu auras frapp.. é.
3. *Pers.* Il aura été, il aura eu, il aura frapp.. é.

Pluriel.

1. *Pers.* Nous aurons été, nous aurons eu, nous aurons frapp.. é.
2. *Pers.* Vous aurez été, vous aurez eu, vous aurez frapp.. é.

3. *Pers.* Ils auront été, ils auront eu, ils auront frapp.. é

9. T E M S.   *Singulier.*

1. *Pers.* Je serois, j'aurois, je frapp.. erois.
2. *Pers.* Tu serois, tu aurois, tu frapp.. erois.
3. *Pers.* Il seroit, il auroit, il frapp.. eroit.

Pluriel.

1. *Pers.* Nous serions, nous aurions, nous frap-p.. erions.
2. *Pers.* Vous seriez, vous auriez, vous frap-p.. eriez.
3. *Pers.* Ils seroient, ils auroient, ils frap-p.. eroient.

10. T E M S.   *Singulier.*

1. *Pers.* J'aurois été, j'aurois eu, j'aurois frap-p.. é.
2. *Pers.* Tu aurois été, tu aurois eu, tu aurois frapp.. é.
3. *Pers.* Il auroit été, il auroit eu, il auroit frap-p.. é.

Pluriel.

1. *Pers.* Nous aurions été, nous aurions eu, nous aurions frapp.. é.
2. *Pers.* Vous auriez été, vous auriez eu, vous auriez frapp.. é.
3. *Pers.* Ils auroient été, ils auroient eu, ils au-roient frapp.. é.

11. T E M S.   *Singulier.*

1. *Pers.* Que je sois, que j'aie, que je frapp.. e.
2. *Pers.* Que tu sois, que tu aies, que tu frap-p.. e.
3. *Pers.* Qu'il soit, qu'il ait, qu'il frapp.. . e.

Pluriel.

1. *Pers.* Que nous soyons , que nous ayons , que nous frapp.. *ions.*
2. *Pers.* Que vous soyez, que vous ayez, que vous frapp.. *iez.*
3. *Pers.* Qu'ils soient, qu'ils aient , qu'ils frapp.. *ent.*

12. TEMS.   Singulier.

1. *Pers.* Que je fusse, que j'eusse, que je frapp.. *asse.*
2. *Pers.* Que tu fusses, que tu eusses , que tu frapp.. *asses.*
3. *Pers.* Qu'il fût, qu'il eût, qu'il frapp.. *ât.*

Pluriel.

1. *Pers.* Que nous fassions, que nous eussions, que nous frapp.. *assions.*
2. *Pers.* Que vous fussiez, que vous eussiez, que vous frapp.. *assiez.*
3. *Pers.* Qu'ils fussent, qu'ils eussent, qu'ils frapp.. *assent.*

13. TEMS.   Singulier.

1. *Pers.* Que j'aie été, que j'aie eu, que j'aie frapp.. *é.*
2. *Pers.* Que tu aies été, que tu aies eu, que tu aies frapp.. *é.*
3. *Pers.* Qu'il ait été, qu'il ait eu, qu'il ait frapp.. *é.*

Pluriel.

1. *Pers.* Que nous ayons été, que nous ayons eu, que nous ayons frapp.. *é.*
2. *Pers.* Que vous ayez été , que vous ayez eu, que vous ayez frapp... *é.*

3. *Pers.* Qu'ils aient été, qu'ils aient eu, qu'ils aient frapp.. *é.*

14. T E M S. *Singulier.*

1. *Pers.* Que j'eusse été, que j'eusse eu, que j'eusse frapp.. *é.*
2. *Pers.* Que tu eusses été, que tu eusses eu, que tu eusses frapp.. *é.*
3. *Pers.* Qu'il eût été, qu'il eût eu, qu'il eût frapp.. *é.*

Pluriel.

1. *Pers.* Que nous eussions été, que nous eussions eu, que nous eussions frapp.. *é.*
2. *Pers.* Que vous eussiez été, que vous eussiez eu, que vous eussiez frapp.. *é.*
3. *Pers.* Qu'ils eussent été, qu'ils eussent eu, qu'ils eussent frapp.. *é.*

De l'Adverbe.

L'*adverbe* est un mot destiné à montrer les manières d'agir du *substantif.*

De la Préposition.

Les *prépositions* sont des mots qui désignent les rapports qui sont entre les *substantifs.*

De la Conjonction.

Les *conjonctions* sont les liens des *substantifs* ; c'est par leur moyen qu'on assemble les mots, les phrases, et qu'on lie les divers sons qui entrent dans la composition du discours.

Des Nombres.

Les *nombres* sont les mots qui représentent le calcul, et par le moyen desquels on désigne la quantité des *substantifs*.

Des Particules.

Les *particules* sont tous les mots qui énoncent un mouvement de l'ame dans la personne qui parle ; en sorte que ces mots sont les images des affections intérieures des *substantifs*.

L'art de parler et d'écrire correctement, consiste principalement dans la connoissance des dix espèces de mots dont on vient de donner les définitions ; par leur moyen, l'expression répond à l'étendue de l'esprit, et marche d'un pas égal avec la pensée ; quand on confond l'une, c'est marque qu'il y a de l'obscurité dans l'autre.

F I N.

TABLE

Des Chapitres, Articles et Titres.

Fin de la Table.

9 782013 535984